▶ **YouTube**

박교수의 7분법(seven-law)

03 **개인정보보호법**

박 승 두

신세림출판사

개정(1) 머 리 말

    최근 개인정보보호법이 크게 쟁점이 되고 있는데, 첫째 미중무역 전쟁에서 자국 국민의 개인정보 보호를 위하여 상대국 IT기업의 개인정보 활용을 제한하거나 영업 자체를 금지시키는 경향이 있다.

    그리고 코로나19사태 이후 방역을 위하여 개인정보를 수집하는 행위가 개인의 사생활을 침해하는지 여부가 쟁점이 되고 있다.

    이번 개정에서는 최근 발표된 학술논문과 관련 판례 등을 두루 분석·보완하여 대학교의 강의교재로도 활용할 수 있도록 하였다.

2022년 8월 1일

코로나19사태 속에 우크라이나 전쟁,
그리고 유동성 완화를 위한 세계 각국의 금리인상 등
불확실성이 한층 강화되는 여름에...

박 승 두 씀

머리말

    법률은 일반적으로 어렵고 전문적이라 접근하기가 쉽지 않다. 특히 '개인정보보호법'은 최근 IT시대에 가장 중요한 분야로 떠오르고 있지만 일반인에게는 생소하다.

    이번에 일반인이 법률에 대하여 친숙한 마음을 가질 수 있도록 유튜브에 "박교수의 7분법(seven-law)"강좌를 개설하였다. 이는 법률에 대하여 전혀 모르는 사람도 7분만 들어보면 어느 정도 전체적인 체계를 이해할 수 있도록 하였다.

    이 책은 강의를 들으면서 보거나 휴대하며 언제든지 간편하게 읽을 수 있도록 하였다. 아무쪼록 이 책이 일반인이 개인정보보호법을 이해하는데 조금이라도 도움이 되었으면 한다.

2020년 9월 1일

코로나19사태에 전국을 휩쓴 홍수,
그리고 폭염까지 겹쳐 무척 힘든 여름을 보내며…

박 승 두 씀

목　차

제1장 개인정보보호법의 기본이해

제2장 정보주체의 권리와 보호

제3장 개인정보의 처리와 관리

제4장 개인정보의 침해에 대한 구제

이 책의 구성

제1장 개인정보보호법의 기본이해

제1절 개인정보보호법의 개념

1. 개인정보의 개념

가. 개인정보의 요건

(1) 개인정보법상의 개인정보의 개념

(가) 3가지 요건

「개인정보 보호법」(다음부터 '개인정보법'이라 한다)은 '개인정보' 를 ① 살아 있는 ② 개인에 관한 ③ 정보라고 정의하고 있으므로, 이 3가지 요건을 충족하여야 한다(제2조 제1호).

(나) '개인' 에 관한 정보

'개인정보' 란 **살아 있는 개인**에 관한 정보를 말한다

(제2조 제1호).

　민법은 권리와 의무의 주체를 제2장에서 인(人), 제3장에서 법인(法人)에 관하여 규정하고, 구체적으로 사람은 "생존한 동안"(제3조), 법인은 "법률의 규정에 좇아 정관으로 정한 목적의 범위 내"로 한정하고 있다(제34조).

　여기서 '개인'은 위 인(人)을 의미하며, 이를 법인과 구별하여 자연인(自然人)이라고도 한다. 그리고 대한민국 국민이냐 외국인이냐에 상관없이 모두 해당한다.1) 여기서 개인은 반드시 1인만을 의미하는 것은 아니며, 2인 이상에 관한 정보도 해당한다.2)

　따라서 인(人)에 해당하지 않는 국가, 지방자치단체, 회사, 단체 등에 관한 정보는 해당되지 아니한다. 그러나 회사의 임원 정보, 종업원 정보, 관리 정보, 거래처 정보, 개인사업자의 사업에 관한 정보 등도 개인정보법상 요건을 충족하는 경우에는 '개인정보'에 해당한다.

　그리고 인(人)에 해당하지 않는 물건에 관한 정보도 해당되지 아니하지만, 물건 소유자의 이름·주민등록번호 등과 같이 그 자체로 개인에 관한 정보이면 개인정보에 해당할 수 있다.3)

---

1) 岡村久道, 『個人情報保護法』(2017), 68면.

2) 개인정보보호위원회, 『개인정보 보호 법령 및 지침·고시 해설』(2020), 11면.

(다) 개인에 관한 '정보'

'개인정보' 란 ① 살아 있는 개인에 관한 정보로서 ② 특정 개인을 식별할 수 있는 정보를 의미하며, 다음의 어느 하나에 해당하는 정보를 말한다(제2조 제1호).

① 성명, 주민등록번호 및 영상 등을 통하여 개인을 알아볼 수 있는 정보
② 해당 정보만으로는 특정 개인을 알아볼 수 없더라도 다른 정보와 쉽게 결합하여 알아볼 수 있는 정보
③ 위 ① 또는 ②를 가명처리함으로써 원래의 상태로 복원하기 위한 추가 정보의 사용·결합 없이는 특정 개인을 알아볼 수 없는 정보(다음부터 '가명정보'라 한다).

여기서 식별성을 인식할 수 있는 주체를 누구로 할 것인가에 관하여 ① **개인정보 처리자**라는 견해4)와 ② **통상적인 인지능력을 가진 자**라는 견해5)로 나누어지고 있다. 전자에 대하여는 개인정보처리자의 영역을 벗어남으로써 식별성이 회복된 경우에 대해 적절히 대응할 수 없다는 지적6)이 있다.

---

3) 고학수외, 『인공지능 시대의 개인정보 보호법』(2022), 8면.
4) 김진환, "개인정보 보호법의 해석 원칙을 위한 제언과 시론" (2016), 24~25면.
5) 박혁수, "빅데이트 시대에 개인정보 개념의 재검토" (2014), 12면.
6) 장주봉, "개인정보의 의미와 규제범위" (2016), 118~119면.

그리고 위의 ②의 경우에는, 쉽게 결합할 수 있는지 여부는 다른 정보의 입수 가능성 등 개인을 알아보는 데 소요되는 시간, 비용, 기술 등을 합리적으로 고려하여야 한다. 그 이유는 어떤 정보가 그 자체로는 개인을 식별할 수 없지만 다른 정보와 결합하여 간접적인 방식으로 개인을 식별할 수 있는 경우, 간접적인 방식으로 개인이 식별 가능한 정보의 범위를 객관적으로 설정하는 일은 무척 어렵다. 어느 시점에 개인 식별이 불가능하였더라도 기술의 발전에 따라 식별이 가능한 범위가 확대될 수 있다. 따라서 특정 시점에 개인 식별을 위한 일정한 노력에도 불구하고 식별할 수 없는 경우에는 개인정보가 아닌 것으로 해석하는 것이 합리적이다.[7)]

(라) '살아있는' 개인에 관한 정보

'살아있는(生存)' 개인에 관한 정보이며, **사자(死者)**에 대한 정보는 해당하지 아니한다. 여기서 '살아있는(生存)' 시점은 정보의 취득시점이 아니고 정보를 판단하는 시점이다. 따라서 정보의 취득시에는 살아있었지만, 그 후 사망하였다면 사망시점부터는 개인정보에 해당하지 아니

---

7) 국가인권위원회, 『유럽연합 개인정보 보호 규정(GDPR) 등 국제 인권기준에 따른 개인정보 보호 법제도 개선방안 연구』(2020), 77~78면.

한다.8)

이처럼 개인정보법이 살아있는 개인에 관한 정보만 대상으로 하는 이유는, 개인정보법이 개인의 인격권으로부터 도출된 '개인정보자기결정권'의 보호를 주된 목적으로 하기 때문이라는 견해9)가 있지만, 판례는 다음과 같이 '개인정보자기결정권'이 사망으로 소멸하는 것은 아니므로, 개인정보 보호의 대상이 되는 것으로 해석한다.

의료법은 "모든 국민이 수준 높은 의료 혜택을 받을 수 있도록 국민의료에 필요한 사항을 규정함으로써 국민의 건강을 보호하고 증진"(제1조)하는 것을 목적으로 한다. 이 법은 의료인(제2장)의 자격과 면허(제1절)에 관하여 정하면서 의료인의 의무 중 하나로 비밀누설 금지의무를 정하고 있다. 이는 의학적 전문지식을 기초로 사람의 생명, 신체나 공중위생에 위해를 발생시킬 우려가 있는 의료행위를 하는 의료인에 대하여 법이 정한 엄격한 자격요건과 함께 의료과정에서 알게 된 다른 사람의 비밀을 누설하거나 발표하지 못한다는 법적 의무를 부과한 것이다. 그 취지는 의료인과 환자 사이의 신뢰관계 형성과 함께 이에 대한 국민의 의료인에 대한 신뢰를 높임으로써 수준 높은 의료행위를 통하여 국민의 건강을 보호하고 증진하는 데 있

---

8) 岡村久道, 『個人情報保護法』(2017), 69면.
9) 고학수외, 『인공지능 시대의 개인정보 보호법』(2022), 9면.

다. 따라서 의료인의 비밀누설 금지의무는 개인의 비밀을 보호하는 것뿐만 아니라 비밀유지에 관한 공중의 신뢰라는 공공의 이익도 보호하고 있다고 보아야 한다. 이러한 관점에서 보면, 의료인과 환자 사이에 형성된 신뢰관계와 이에 기초한 의료인의 비밀누설 금지의무는 환자가 사망한 후에도 그 본질적인 내용이 변한다고 볼 수 없다.

누설을 금지하고 있는 '다른 사람의 비밀'은 당사자의 동의 없이는 원칙적으로 공개되어서는 안 되는 비밀영역으로 보호되어야 한다. 이러한 보호의 필요성은 환자가 나중에 사망하더라도 소멸하지 않는다. 구 의료법 제21조 제1항은 환자가 사망하였는지를 묻지 않고 환자가 아닌 다른 사람에게 환자에 관한 기록을 열람하게 하거나 사본을 내주는 등 내용을 확인할 수 있게 해서는 안 된다고 정하고 있는데, 이 점을 보더라도 환자가 사망했다고 해서 보호 범위에서 제외된다고 볼 수 없다.

헌법 제10조는 인간의 존엄과 가치를 선언하고 있고, 헌법 제17조는 사생활의 비밀과 자유를 보장하고 있다. 따라서 **모든 국민은 자신에 관한 정보를 스스로 통제할 수 있는 자기결정권과 사생활이 함부로 공개되지 않고 사적 영역의 평온과 비밀을 요구할 수 있는 권리를 갖는다. 이와 같은 개인의 인격적 이익을 보호할 필요성은 그의 사망으로 없어지는 것이 아니다.** 사람의 사망 후에 사적 영역이 무분별하게 폭로되고 그의 생활상이 왜곡된다면 살아있는 동안 인간의 존엄과 가치를 보장하는 것이 무의미해질 수 있다. 사람은 적어도 사망 후에 인격이 중대하게 훼손되거나 자신의 생활상이 심각하게 왜곡되지 않을 것이라고 신뢰하고 그러한 기대 속에서 살 수 있는 경우에만 인간으로서의 존엄과 가치가 실효성 있게 보장되고 있다고 말할 수 있다.[10]

그리고 정보통신망법 제49조는 "누구든지 정보통신망에 의하여 처리·보관 또는 전송되는 타인의 정보를 훼손하거나 타인의 비밀을 침해·도용 또는 누설하여서는 아니 된다."고 규정하고, 제62조 제6호에서는 "제49조의 규정을 위반하여 타인의 정보를 훼손하거나 타인의 비밀을 침해·도용 또는 누설한 자"를 5년 이하의 징역 또는 5천만 원 이하의 벌금에 처하도록 하고 있는 바, 여기에서 말하는 '타인'에 이미 사망한 자가 포함되는지에 관하여 보건대, '정보통신망의 이용을 촉진하고 정보통신서비스를 이용하는 자의 개인정보를 보호함과 아울러 정보통신망을 건전하고 안전하게 이용할 수 있는 환경을 조성'(제1조)한다는 입법 취지에서 제정된 정보통신망법은 정보통신망의 이용촉진(제2장) 및 개인정보의 보호(제4장)에 관한 규정과 별도로 정보통신망의 안정성과 정보의 신뢰

---

10) 대법원 2018. 5. 11. 선고 2018도2844 판결.

성 확보를 위한 규정들을 두고 있는데(제6장) 그 중의 하나
가 제49조인 점, 이미 사망한 자의 정보나 비밀이라고 하
더라도 그것이 정보통신망에 의하여 처리·보관 또는 전
송되는 중 다른 사람에 의하여 함부로 훼손되거나 침해·
도용·누설되는 경우에는 정보통신망의 안정성 및 정보의
신뢰성을 해칠 우려가 있는 점, 제2조 제1항 제6호는
'개인정보'가 생존하는 개인에 관한 정보임을 명시하고
있으나 제49조에서는 이와 명백히 구분되는 '타인의 정
보·비밀'이라는 문언을 사용하고 있는 점, 정보통신서
비스 이용자의 '개인정보'에 관하여는 당해 이용자의
동의 없이 이를 주고받거나 직무상 알게 된 개인정보를
훼손·침해·누설하는 것을 금지하고 이에 위반하는 행위
를 처벌하는 별도의 규정을 두고 있는 점(제24조, 제62조 제1호 내
지 제3호), 형벌법규에서 '타인'이 반드시 생존하는 사람만
을 의미하는 것은 아니며, 예컨대 문서의 진정에 대한 공
공의 신용을 그 보호법익으로 하는 문서위조죄에 있어서
'타인의 문서'에는 이미 사망한 자의 명의로 작성된 문
서도 포함되는 것으로 해석하고 있는 점[11] 등에 비추어
보면, 제49조 및 제62조 제6호 소정의 **'타인'에는 생존
하는 개인뿐만 아니라 이미 사망한 자도 포함된다**고 보는
것이 체계적이고도 논리적인 해석이라 할 것이다.[12]

---

[11] 대법원 2005. 2. 24. 선고 2002도18 전원합의체 판결 참조.

그리고 사망 후 그에 관한 정보가 개인정보에 해당하지 않아 보호받을 수 없는 경우에도, 살아있는 동안에 개인정보 침해행위를 한 경우에는 사망하였더라도 그 침해행위가 소멸하는 것은 아니다. 그리고 사자의 정보라도 사자의 부모나 자녀 등 사자와 관련된 자의 정보에도 해당하는 경우에는 개인정보에 해당한다.

그리고 형법은 사자에 대한 명예훼손도 범죄로 규정하고 있다.[13] 그러나 생존자에 대한 명예훼손은 사실 여부와 상관없이 가능하지만, 사자에 대하여는 허위의 사실만 대상이 된다.[14]

출생하기 전 **태아**(胎兒)의 경우에도 출생 전의 정보는 개인정보에 해당하지 않지만, 출생 후의 정보는 개인정보에 해당한다. 물론 출생 전에 관한 정보라도 부모 등 관련된 자의 정보에도 해당하는 경우에는 개인정보에 해당한다.

---

12) 대법원 2007. 6. 14. 선고 2007도2162 판결.

13) 제308조(**사자의 명예훼손**) 공연히 허위의 사실을 적시하여 사자의 명예를 훼손한 자는 2년 이하의 징역이나 금고 또는 500만원 이하의 벌금에 처한다.

14) 제307조(**명예훼손**) ① 공연히 사실을 적시하여 사람의 명예를 훼손한 자는 2년 이하의 징역이나 금고 또는 500만원 이하의 벌금에 처한다. ② 공연히 허위의 사실을 적시하여 사람의 명예를 훼손한 자는 5년 이하의 징역, 10년 이하의 자격정지 또는 1천만원 이하의 벌금에 처한다.

(2) 정보의 형태 및 내용

(가) 정보의 형태 및 처리방법

정보의 형태나 처리방식에는 특별한 제한이 없으므로, 디지털 형태나 수기 형태, 자동 처리나 수동 처리 등에 상관없이 개인을 알아볼 수 있는 모든 정보가 해당한다.

(나) 정보의 내용

정보의 내용에도 제한이 없으며, 정보주체와 관련된 것이면 키, 나이, 몸무게 등 객관적 사실, 그 사람에 대한 제3자의 의견 등 주관적 평가를 포함하며, 반드시 사실이거나 증명된 내용이어야 하는 것은 아니며 부정확하거나 허위라도 특정 개인에 관한 정보는 해당한다.[15]

최근 특히 문제되는 것은 **생체정보**이다. 이는 비밀번호나 인증서처럼 변경 및 재발급이 사실상 불가능하기 때문에 한번 유출되면 일반적인 다른 정보에 비하여 더욱 큰 피해가 예상된다. 그리고 사람의 얼굴이나 특정 부위를 합성하는 **딥페이크**(Deepfake) 기술과 일반적으로 운용되는

---

15) 개인정보보호위원회, 『개인정보 보호 법령 및 지침·고시 해설』(2020), 11면.

중앙집중화된 정보저장 체계가 아닌 분산저장기술인 **블록체인**(Blockchain)으로 연결된 블록정보를 이용한 개인정보 침해가 문제된다.[16]

(다) 개인정보의 범위

개인정보의 범위는 보호법익에 따라 달라진다. 개인정보자기결정권이 유일한 또는 주된 보호법익인 경우에는 개인정보자기결정권에 따라 **정보주체의 통제의 대상이 되는 개인정보**를 중심으로 개인정보의 의미를 정한다.

(3) 판례상 개인정보의 개념

헌법재판소와 대법원의 판례는 포괄적으로 해석한다. 인간의 존엄과 가치, 행복추구권을 규정한 헌법 제10조 제1문에서 도출되는 일반적 인격권 및 헌법 제17조의 사생활의 비밀과 자유에 의하여 보장되는 개인정보자기결정권은 자신에 관한 정보가 언제 누구에게 어느 범위까지 알려지고 또 이용되도록 할 것인지를 정보주체가 스스로 결정할 수 있는 권리이다. 개인정보자기결정권의 보호대상이 되는 개인정보는 **개인의 신체, 신념, 사회적 지위, 신분 등과 같이 개인의 인격주체성을 특징짓는 사항으로**

---

16) 개인정보보호위원회, 『2021 개인정보보호 연차보고서』(2021), 35 ~37면.

서 개인의 동일성을 식별할 수 있게 하는 일체의 정보이
고, 반드시 개인의 내밀한 영역에 속하는 정보에 국한되
지 아니하며 공적 생활에서 형성되었거나 이미 공개된 개
인정보[17]까지 포함한다. 또한 개인정보를 대상으로 한 조
사·수집·보관·처리·이용 등의 행위는 모두 원칙적으
로 개인정보자기결정권에 대한 제한에 해당한다.[18]

(4) 공개된 개인정보의 수집·제공

개인정보자기결정권이라는 인격적 법익을 침해·제한한
다고 주장되는 행위의 내용이 **이미 정보주체의 의사에 따
라 공개된 개인정보를 그의 별도의 동의 없이 영리 목적
으로 수집·제공하였다는 것인 경우**에는, 정보처리 행위
로 침해될 수 있는 정보주체의 인격적 법익과 그 행위로
보호받을 수 있는 정보처리자 등의 법적 이익이 하나의
법률관계를 둘러싸고 충돌하게 된다.

이때는 정보주체가 공적인 존재인지, 개인정보의 공공
성과 공익성, 원래 공개한 대상 범위, 개인정보 처리의 목

---

17) 개인정보 보호법은 개인정보처리자의 개인정보 수집·이용(제15
조)과 제3자 제공(제17조)에 원칙적으로 정보주체의 동의가 필요하
다고 규정하면서도, 대상이 되는 개인정보를 공개된 것과 공개되지
아니한 것으로 나누어 달리 규율하고 있지는 아니하다.

18) 헌법재판소 2005. 7. 21. 선고 2003헌마282, 425(병합) 결정; 대
법원 2016. 8. 17. 선고 2014다235080 판결.

적·절차·이용형태의 상당성과 필요성, 개인정보 처리로
침해될 수 있는 이익의 성질과 내용 등 여러 사정을 종합
적으로 고려하여, 개인정보에 관한 인격권 보호에 의하여
얻을 수 있는 이익과 정보처리 행위로 얻을 수 있는 이익
즉 정보처리자의 '알 권리'와 이를 기반으로 한 정보수
용자의 '알 권리' 및 표현의 자유, 정보처리자의 영업
의 자유, 사회 전체의 경제적 효율성 등의 가치를 구체적
으로 비교 형량하여 어느 쪽 이익이 더 우월한 것으로 평
가할 수 있는지에 따라 정보처리 행위의 최종적인 위법성
여부를 판단하여야 하고, 단지 정보처리자에게 영리 목적
이 있었다는 사정만으로 곧바로 정보처리 행위를 위법하
다고 할 수는 없다.

정보주체가 직접 또는 제3자를 통하여 이미 공개한 개
인정보는 공개 당시 정보주체가 자신의 개인정보에 대한
수집이나 제3자 제공 등의 처리에 대하여 일정한 범위 내
에서 동의를 하였다고 할 것이다. 이와 같이 **공개된 개인
정보를 객관적으로 보아 정보주체가 동의한 범위 내에서
처리**하는 것으로 평가할 수 있는 경우에도 동의의 범위가
외부에 표시되지 아니하였다는 이유만으로 또다시 정보주
체의 별도의 동의를 받을 것을 요구한다면 이는 정보주체
의 공개의사에도 부합하지 아니하거니와 정보주체나 개인
정보처리자에게 무의미한 동의절차를 밟기 위한 비용만을

부담시키는 결과가 된다. 다른 한편 개인정보 보호법 제
20조는 공개된 개인정보 등을 수집·처리하는 때에는 정
보주체의 요구가 있으면 즉시 개인정보의 수집 출처, 개
인정보의 처리 목적, 제37조에 따른 개인정보 처리의 정
지를 요구할 권리가 있다는 사실을 정보주체에게 알리도
록 규정하고 있으므로, 공개된 개인정보에 대한 정보주체
의 개인정보자기결정권은 이러한 사후통제에 의하여 보호
받게 된다.

　따라서 이미 공개된 개인정보를 정보주체의 동의가 있
었다고 객관적으로 인정되는 범위 내에서 수집·이용·제
공 등 처리를 할 때는 정보주체의 별도의 동의는 불필요
하다고 보아야 하고, 별도의 동의를 받지 아니하였다고
하여 개인정보 보호법 제15조나 제17조를 위반한 것으로
볼 수 없다. 그리고 정보주체의 동의가 있었다고 인정되
는 범위 내인지는 공개된 개인정보의 성격, 공개의 형태
와 대상 범위, 그로부터 추단되는 정보주체의 공개 의도
내지 목적뿐만 아니라, 정보처리자의 정보제공 등 처리의
형태와 정보제공으로 공개의 대상 범위가 원래의 것과 달
라졌는지, 정보제공이 정보주체의 원래의 공개 목적과 상
당한 관련성이 있는지 등을 검토하여 객관적으로 판단하
여야 한다.

　이러한 해석을 토대로, 법률정보 제공 사이트를 운영하

는 A 주식회사가 공립대학교인 B 대학교 법과대학 법학과 교수로 재직 중인 C의 사진, 성명, 성별, 출생연도, 직업, 직장, 학력, 경력 등의 개인정보를 위 법학과 홈페이지 등을 통해 수집하여 위 사이트 내 '법조인' 항목에서 유료로 제공한 사안에서, A 회사가 영리 목적으로 C의 개인정보를 수집하여 제3자에게 제공하였더라도 그에 의하여 얻을 수 있는 법적 이익이 정보처리를 막음으로써 얻을 수 있는 정보주체의 인격적 법익에 비하여 우월하므로, A 회사의 행위를 C의 개인정보자기결정권을 침해하는 위법한 행위로 평가할 수 없고, A 회사가 C의 개인정보를 수집하여 제3자에게 제공한 행위는 C의 동의가 있었다고 객관적으로 인정되는 범위 내이고, A 회사에 영리 목적이 있었다고 하여 달리 볼 수 없으므로, A 회사가 C의 별도의 동의를 받지 아니하였다고 하여 개인정보 보호법 제15조나 제17조를 위반하였다고 볼 수 없다고 판단하였다.[19)

그러나 공적 생활에서 형성되었거나 이미 공개된 개인정보도 개인정보자기결정권의 보호대상인 이상, 교원에 관한 정보라거나 정보주체가 과거 스스로 해당 정보를 공개한 적이 있었다거나 타인에 의하여 정보주체의 의사에 반하는 정보 공개행위가 이미 존재하였다는 이유로 개인정보자기결정권의 침해에 해당하지 않는다고 볼 수 없고,

---

19) 대법원 2016. 8. 17. 선고 2014다235080 판결.

설령 정보주체가 일정한 경우 스스로의 자유로운 의사에 기하여 이를 공개할 의사가 있다고 하더라도 **정보주체가 스스로 결정하지 않은 시기와 방법으로 타인이 이를 공개하는 것**은 개인정보자기결정권의 침해에 해당한다고 하였다.[20]

그리고 국회의원 A 등이 '각급학교 교원의 교원단체 및 교원노조 가입현황 실명자료'를 인터넷을 통하여 공개한 행위가 해당 교원들의 개인정보자기결정권 등을 침해하는 것으로 위법하다고 보았다.[21]

(5) 입법론

입법론적으로는 사생활의 비밀 및 자유도 그 중요한 보호법익에 해당한다고 볼 경우에는 합리적인 개인정보 뿐만 아니라 **사생활의 영역에 속한다고 볼 수 있는 좀 더 넓은 범위의 정보**를 포함되도록 하거나 새로운 유형의 정보를 보호대상으로 규정할 필요가 있다.[22]

---

20) 대법원 2015. 10. 15. 선고 2014다77970 판결.

21) 대법원 2014. 7. 24. 선고 2012다49933 판결.

22) 장주봉, "개인정보의 의미와 규제범위" (2016), 99면.

나. 개인정보법의 적용에서 완전히 배제되는 정보

개인정보법은 시간·비용·기술 등을 합리적으로 고려할 때 다른 정보를 사용하여도 더 이상 **개인을 알아볼 수 없는 정보**에는 적용하지 아니한다(제58조의2).

다. 개인정보법의 일부 적용이 배제되는 정보

(1) 공공목적의 정보이용

개인정보법은 **공공 목적으로 수집되는 개인정보**[23]에 관하여는 정보주체의 권리, 정보의 취급방법, 정보의 관리방법, 손해배상청구권에 관한 규정(법 제3장부터 제7장까지)을 적용하지 아니한다(제58조 제1항).[24]

---

23) ① 공공기관이 처리하는 개인정보 중 통계법에 따라 수집되는 개인정보 ② 국가안전보장과 관련된 정보 분석을 목적으로 수집 또는 제공 요청되는 개인정보 ③ 공중위생 등 공공의 안전과 안녕을 위하여 긴급히 필요한 경우로서 일시적으로 처리되는 개인정보 ④ 언론, 종교단체, 정당이 각각 취재·보도, 선교, 선거 입후보자 추천 등 고유 목적을 달성하기 위하여 수집·이용하는 개인정보.

24) 이 경우에도 그 목적을 위하여 필요한 범위에서 최소한의 기간에 최소한의 개인정보만을 처리하여야 하며, 개인정보의 안전한 관리를 위하여 필요한 기술적·관리적 및 물리적 보호조치, 개인정보의 처리에 관한 고충처리, 그 밖에 개인정보의 적절한 처리를 위하여 필요한 조치를 마련하여야 한다(제58조 제4항).

(2) 공개된 영상정보처리기기

개인정보법은 공개된 장소에 **영상정보처리기기**(closed-circuit television, CCTV)를 설치·운영하는 것을 엄격히 제한하고 있는데(제25조 제1항), 이 경우 처리되는 개인정보에 대하여는 일부 규정[25]을 적용하지 아니한다(제58조 제2항).

(3) 친목단체

개인정보처리자가 동창회, 동호회 등 친목 도모를 위한 단체를 운영하기 위하여 개인정보를 처리하는 경우에는 일부 규정[26]을 적용하지 아니한다(제58조 제3항).

2. 개인정보보호법의 개념

가. 개인정보보호법의 이념

개인정보보호법은 개인의 **자유와 권리**를 보호하고, 개

---

25) 제15조(개인정보의 수집·이용), 제22조(동의를 받는 방법), 제27조(영업양도 등에 따른 개인정보의 이전 제한) 제1항·제2항, 제34조(개인정보 유출 통지 등), 제37조(개인정보의 처리정지 등).

26) 제15조(개인정보의 수집·이용), 제30조(개인정보 처리방침의 수립 및 공개), 제31조(개인정보 보호책임자의 지정).

인의 **존엄과 가치**를 구현함을 목적으로 한다(제1조). 이러한 개인의 자유와 권리, 존엄과 가치는 현대사회에서 개인정보의 유출과 오남용으로 침해받을 가능성이 크다. 따라서 개인의 자유와 권리, 존엄과 가치의 구현은 개인정보의 보호를 통하여 이룰 수 있다. 2014년 1월에 발생한 주요 신용카드사에서의 대규모 개인정보 유출사건은 개인정보의 보호의 중요성을 일깨워주는 중요한 계기가 되었다.[27)]

나. 개인정보보호법의 개념

개인정보보호법은 개인의 자유와 권리를 보호하고, 개인의 존엄과 가치를 구현하기 위하여 **개인정보의 처리 및 보호에 관한 사항을 규정한 법**이다(제1조). 이를 권리론으로 보면, 개인정보보호법은 **개인정보에 대한 자기결정권을 보장하는 법**이라 할 수 있고, 이는 구체적으로 수집·이용·제공 등에 대한 동의권을 토대로 한 열람청구권, 정정·삭제·차단청구권, 처리정지·파기청구권 등의 보장으로 실현된다.[28)]

---

27) 고학수, "개인정보보호: 규제체계에 관한 논의의 전개와 정책적 과제" (2016), 3면.

28) 권건보, "정보주체의 개인정보자기결정권" (2016), 62~64면.

다. 개인정보보호법의 운용구조

개인정보보호법의 운용구조는 크게 **정보주체**의 권리를 **개인정보처리자**의 침해로부터 보호하는 것이다.

정보주체는 처리되는 정보에 의하여 알아볼 수 있는 사람으로서 그 정보의 주체가 되는 사람을 말한다(제2조 제3호).

그리고 **개인정보처리자**는 ① 업무를 목적으로 ② 개인정보파일을 운용하기 위하여 ③ 스스로 또는 다른 사람을 통하여 개인정보를 처리하는 ④ 공공기관, 법인, 단체 및 개인 등을 말한다(제2조 제5호). 따라서 이 법의 기본적인 수범자인 개인정보처리자는 공공기관, 영리목적의 민간분야 사업자, 협회·동창회 등 비영리기관·단체를 모두 포괄하는 개방적 개념으로 규정하고 있다.

그러나 "업무상 목적으로" 개인정보파일을 운용하기 위하여 개인정보를 처리하는 자에 한정되므로, 순수하게 사적인 영역에서의 개인정보처리를 처리하는 자는 배제된다.

여기서 업무란 직업상 또는 사회생활상의 지위에 기초하여 계속적으로 종사하는 사무나 사업의 일체를 의미하는 것으로, 보수 유무나 영리 여부, 적법 여부와는 상관없다. 그리고 단 1회의 행위라도 계속·반복의 의사가 있으면 업무에 해당한다.[29]

그리고 임직원, 파견근로자, 시간제근로자 등 개인정보처리자의 지휘·감독을 받아 개인정보를 처리하는 자를 **'개인정보취급자'** 로 규정하고 있다(제28조 제1항).

라. 개인정보보호법의 범위

이 법의 범위는 크게 세 가지로 나누어 볼 수 있다.

먼저, **좁은 범위**(작은 개인정보법)는 하나의 법률 개인정보법만을 의미한다.

그 다음은 여기에 정보통신망법[30]과 신용정보법[31]을 합한 **범위**(중간 개인정보법) 즉, 기본3법을 말한다.[32]

마지막 **넓은 범위**(큰 개인정보법)는 여기에 전자정부법 등 개인정보와 관련된 많은 법률을 추가한 것이다.

이를 정리하면, 다음 〈표 1〉과 같다.

---

29) 성선제, 『개인정보보호법』(2014), 16~18면.

30) 이 법의 정식명칭은 「정보통신망 이용촉진 및 정보보호 등에 관한 법률」이다.

31) 이 법의 정식명칭은 「신용정보의 이용 및 보호에 관한 법률」이다.

32) 일반적으로 개인정보법, 정보통신망법, 신용정보법을 **데이터3법**(데이터 규제 완화 3법)이라 한다.

〈표 1〉   개인정보보호법의 범위

구 분	작은 개인정보법	중간 개인정보법	큰 개인정보법
3단계	-	-	전자정부법33), 위치정보법34), 금융실명법35), 특정금융정보법36), 정보공개법37), 공공데이터법38), 주민등록법, 통신비밀보호법, 지능형전력망법39), 의료법, 약사법, 초·중등교육법, 고등교육법 등
2단계	-	정보통신망법 신용정보법	(좌 동)
1단계	개인정보법	(좌 동)	(좌 동)

이처럼 '개인정보보호법' 의 범위는 보는 관점에 따라

---

33) 이 법의 정식명칭은 「전자정부 구현을 위한 행정업무 등의 전자화 촉진에 관한 법률」 이다.

34) 이 법의 정식명칭은 「위치정보의 보호 및 이용 등에 관한 법률」 이다.

35) 이 법의 정식명칭은 「금융실명거래 및 비밀보장에 관한 법률」 이다.

36) 이 법의 정식명칭은 「특정 금융거래정보의 보고 및 이용 등에 관한 법률」 이다.

37) 이 법의 정식명칭은 「공공기관의 정보공개에 관한 법률」 이다.

38) 이 법의 정식명칭은 「공공데이터의 제공 및 이용 활성화에 관한 법률」 이다.

39) 이 법의 정식명칭은 「지능형전력망의 구축 및 이용촉진에 관한 법률」 이다.

다양하게 정의할 수 있으며, 필자도 권리의 보호를 위하여는 최대한 넓게 해석하는 것이 바람직하다고 생각한다. 그러나 이 책은 일반인이 알아야 할 기본적인 사항에 국한하였으므로, '작은 개인정보법'만 설명하였다.

3. 개인정보보호법의 입법체계

가. 개인정보보호법의 입법 유형

세계적으로 개인정보보호법의 입법체계는 두 가지 유형으로 구분된다.

첫째, EU와 대부분의 회원국들처럼 공공부문과 민간부문을 하나의 법률 내에 규정하는 **통합방식**[40]과 미국처럼 공공부문과 민간부문 등 규율대상별로 다양한 법률을 제정하는 **분할방식**이 있다. 그러나 온라인 서비스와 오프라인 서비스, 또는 영리와 비영리를 특별히 구분하지 않는다.[41]

---

40) 일본은 기본적으로 이 방식에 따르면서도 공공부문에 관하여는 개별 법률을 제정하고 민간부문에 대하여는 정부의 지침과 가이드라인을 통하여 규율한다.

41) 구태언, "온라인과 오프라인에서 개인정보 보호 규제체계의 이분화에 따른 문제점"(2016), 207, 215면.

나. 우리나라 개인정보보호법의 입법 구조

우리나라의 입법체계는 앞의 **통합방식**에 따르고, 개인 정보법은 개인정보보호에 관하여 **일반법**의 성격을 가진 다.

그리고 개인정보법 제정 이전에 존재하였던 법들은 대 부분 **특별법**의 성격을 유지하며 공존하고 있다.42) 주요 개인정보보호법의 내용은 앞의 〈표 1〉과 같다.

우리나라의 개인정보법은 온라인 서비스와 오프라인 서 비스를 구분하고, 또 온라인 서비스 중에서도 영리와 비 영리를 특별히 구분하여 규율하고 있어 여러 가지 문제점 을 낳고 있어 개선이 요망된다. 또한 입법체계도 일반적 이고 표준적인 내용은 개인정보법에 규정하고 개별적인 사항들은 개별 법률에 규정하는 방식으로 개선하여야 한 다.43)

개인정보 보호에 관하여는 다른 법률에 특별한 규정이 있는 경우를 제외하고는 이 법에서 정하는 바에 따르도록

---

42) 고학수, "개인정보보호: 규제체계에 관한 논의의 전개와 정책 적 과제" (2016), 6면.

43) 구태언, "온라인과 오프라인에서 개인정보 보호 규제체계의 이 분화에 따른 문제점" (2016), 207, 215~224면.

하여(제6조), 일반법적 성격을 규정하고 있다.

　그리고 정보통신망법 등 개별법의 적용을 받는 자도 일반법인 개인정보법의 적용에서 반드시 배제되는 것은 아니다. **원칙적으로** 모든 정보처리자는 개인정보법의 적용을 받지만, **예외적으로** ① 개별법에 이 법과 다른 특별한 규정이 있고, ② 그 내용이 이 법의 내용과 상충되는 경우에, ③ 개별법의 목적, 취지 등을 고려하여 이 법의 적용을 배제할 의도가 있다고 명확히 인정되거나 이 법의 규정을 그대로 적용할 경우 이 법과 개별법 사이에 불합리한 상황 또는 모순, 왜곡된 결과 등이 발생하는 경우에만 해당 특별법의 규정이 우선 적용된다.[44]

---

44) 성선제, 『개인정보보호법』 (2014), 36면.

제2절 개인정보보호법의 탄생과 발전

1. 개인정보보호법의 탄생 배경

개인정보보호에 관한 논의는 **프랑스**에서 **1789년 대혁명** 이후 시작되었으며, 1970년 **독일**의 헤센(Hessen)주에서 최초의 입법이 이루어졌고, 국가적으로는 1973년 **스웨덴**에서 처음 제정되었다.

그리고 **미국**은 1890년부터 기술 및 사회의 변화로부터 프라이버시를 보호할 필요성이 제기되어, 1953년 은행비밀법(Bank Secrecy Act), 1966년 정보공개법(Freedom of Information Act), 1970년 공정신용보고법(Fair Credit Reporting Act), 1974년 개인정보보호법(Privacy Act)[45] 등을 제정하였다.

그리고 **일본**은 1980년 OECD가 채택한 8대원칙을 기초로 1982년 5대원칙(수집제한의 원칙, 이용제한의 원칙, 개인참가의 원칙, 적정관리의 원칙, 책임명확화의 원칙)을 제시하였다. 그 후 1988년에는 이

---

45) 이 법도 일반법은 아니고 연방정부가 보유하는 개인정보를 보호하는 법이다.

를 기초로 공공부문 개인정보보호법46)을 제정하였고, 2003년 5월 30일에는 일반법인 개인정보보호법을 제정하였다.47)

그리고 OECD는 1980년 개인정보보호 가이드라인48)을 제정하였는데, 여기서 8대 원칙을 제시하였는데, ① 정보수집 제한의 원칙 (Collection Limitation Principle) ② 정보정확성의 원칙(Data Quality Principle) ③ 목적 명확성의 원칙(Purpose Specification Principle) ④ 이용제한의 원칙(Use Limitation Principle) ⑤ 안전성 확보의 원칙(Security Safeguards Principle) ⑥ 공개성의 원칙(Openness Principle) ⑦ 개인 참가의 원칙(Individual Participation Principle) ⑧ 책임성의 원칙(Accountability Principle) 등이다.

또한 EU는 1995년 개인정보보호지침(DPD, Data Protection Directive)49)을 제정한 후, 2012년에 **개인정보보호 일반규정**

---

46) 이 법의 정식명칭은 「행정기관이 보유하는 전자계산기 처리에 의한 개인정보에 관한 법률」이다.

47) 岡村久道, 『個人情報保護法』(2017), 19~35면.

48) 정식명칭은 「프라이버시 보호와 개인정보의 국외 이전에 관한 가이드라인(Guidelines on the Protection of Privacy and Transborder Flows of Personal Data)」이다.

49) 정식명칭은 「개인정보의 처리와 자유로운 유통에 관한 개인정보보호지침」(Directive of the European Parliament of individuals with regard to the processing of personal data and on the free movement of such data, 95/46/EC)이다.

(GDPR, General Data Protection Regulation)(안)을 발표하고 2016년 확정하여 2018년 5월 25일부터 시행하였다.50)

그동안 DPD는 말 그대로 지침이기 때문에 EU회원국이 이를 받아들여 각국에서 입법을 하여야 하는데, 각국의 사정에 따라 입법내용이 서로 상이하여 불균형 현상이 발생하였다.

이러한 문제를 해결하기 위하여 GDPR을 제정하였으며, 이는 지침이 아니라 규정이기 때문에 각 회원국의 별도 입법 절차가 필요없이 **모든 회원국에 바로 효력이 발생**한다.51)

2. 우리나라 개인정보보호법의 연혁

가. 개관

우리나라는 일반법인 개인정보법을 제정하기 전에 민간 부문 및 공공부문의 특별법을 먼저 제정하였고, 2011년 일반법인 개인정보법을 제정하였고, 2020년 2월 4일, 2020

---

50) 고학수, "개인정보보호: 규제체계에 관한 논의의 전개와 정책적 과제" (2016), 7~18면.

51) 최경진, "EU와 미국의 개인정보 규율체계 개선 동향" (2016), 589~591면.

년 2월 4일 등 개정하였다.

나. 민간부문 특별법의 제정

민간분야는 **1986년 전산망법**[52]을 제정(1986. 5. 12., 시행 1987.1.1.)하여 민간부문의 온라인상에서의 개인정보를 보호하였다. 이후 1999년 전산망법을 전부개정(1999.2.8., 시행 1999.7.1.)하여 구정보통신망법[53]으로 변경하였다. 이 법은 2001년 다시 전부개정(2001. 1. 16., 시행 2001.7.1.)하여 현행 **정보통신망법**[54]으로 변경하였다. 그리고 1995년 **신용정보법**[55]을 제정(1995.1.5., 시행 1995.7.6.)하였다.

다. 공공부문 특별법의 제정

공공분야에서는 **1994년 공공개인정보법**[56]을 제정(1994.1.7.,

---

52) 이 법의 정식명칭은 「전산망보급확장과이용촉진에관한법률」이다(당시에는 법률명칭을 띄어쓰지 않았다).

53) 이 법의 정식명칭은 「정보통신망이용촉진등에관한 법률」이다(당시에는 법률명칭을 띄어쓰지 않았다).

54) 이 법의 정식명칭은 「정보통신망이용촉진및정보보호등에관한 법률」이다(당시에는 법률명칭을 띄어쓰지 않았는데, 2005.12.30. 개정시 현행과 같이 「정보통신망 이용촉진 및 정보보호 등에 관한 법률」로 띄어쓰기하였다).

55) 이 법의 정식명칭은 「신용정보의이용및보호에관한법률」이다(당시에는 법률명칭을 띄어쓰지 않았는데, 2006.3.24. 개정시 현행과 같이 「신용정보의 이용 및 보호에 관한 법률」로 띄어쓰기하였다).

시행 1995.1.8.)하여 공공기관의 컴퓨터 등에 의하여 처리되는 개인정보를 보호하였다.

라. 일반법의 제정

2011년 일반법인 **개인정보법**을 제정(2011.3.29., 시행 2011.9.30.)하였는데, 이 법의 제정으로 공공개인정보법은 이 법에 통합되어 폐지되었다.

마. 2016년 일반법의 개정

2016년 3월 29일 개인정보처리자가 민감정보를 처리하는 경우에도 안전성 확보에 필요한 조치를 하도록 의무화하고(제23조 제2항 신설), 행정자치부장관은 고유식별정보를 처리하는 개인정보처리자가 안전성 확보 조치를 하였는지 정기적으로 조사하도록 하는 등 개인정보 처리 시 안전성 확보를 위한 규정을 강화하였다(제24조 제4항 및 제5항 신설).

그리고 주민등록번호를 수집할 수 있는 법령의 범위를 법률·대통령령·국회규칙·대법원규칙·헌법재판소규칙·중앙선거관리위원회규칙 및 감사원규칙으로 한정하

---

56) 이 법의 정식명칭은 「공공기관의개인정보보호에관한법률」이다 (당시에는 법률명칭을 띄어쓰지 않았다).

고, 해당 법률 등의 제·개정 현황을 개인정보 보호 연차 보고서에 포함하도록 함으로써 주민등록번호의 사용을 보다 엄격히 관리·통제하도록 하였다(제24조의2 제1항 제1호).

또한, 대통령령으로 정하는 기준에 해당하는 개인정보처리자가 정보주체 이외로부터 개인정보를 수집하여 처리하는 때에는 정보주체에게 수집 출처·처리 목적 등을 고지하도록 함으로써 정보주체의 개인정보 자기결정권을 보다 두텁게 보호할 수 있도록 하였다(제20조 제2항부터 제4항까지 신설).

그 외에 영상정보처리기기 안내판 설치 관련 규정을 법률에 상향 규정하고, 개인정보 처리방침에 포함해야 하는 항목을 추가하는 등 일부 미비사항을 보완하였다.

바. 2020년 일반법의 개정

2020년 2월 4일 개정에서는 **EU의 GDPR을 반영**하여 정보주체의 동의 없이 공익 목적으로 **가명정보**를 이용할 수 있도록 하는 등 체계적으로 정비하였다.

개정 배경을 보면, 그동안 4차 산업혁명 시대를 맞아 핵심 자원인 데이터의 이용 활성화를 통한 신산업 육성이 범국가적 과제로 대두되었다. 그리고 신산업 육성을 위해서는 인공지능, 클라우드, 사물인터넷 등 신기술을 활용한 데이터 이용이 필요한 바, 안전한 데이터 이용을 위한 사회적 규범 정립이 시급한 상황이었다.

그러나 기존법 체계에서는 개인정보 보호 관련 법령이 개인정보법과 정보통신망법등으로 분산되어 있고, 감독기능도   행정안전부·방송통신위원회·개인정보보호위원회 등으로 분산되어, 법집행이 비효율적이고 신산업 육성을 위한 데이터 이용 활성화를 지원하는 데 한계가 있었다.

따라서 이번 개정에서는 이러한 문제점을 해결하고 **개인정보의 보호와 관련 산업의 발전이 조화**될 수 있도록 개인정보 보호 관련 법령을 체계적으로 정비하였다.

구체적인 내용을 보면, ① **정보주체의 동의 없이** 과학적 연구, 통계작성, 공익적 기록보존 등의 목적으로 가명정보(제2조 제1호의2 신설)를 이용할 수 있는 근거를 마련하되(제28조의2 및 제28조의3 신설), ② **개인정보처리자의 책임성 강화** 등 개인정보를 안전하게 보호하기 위한 제도적 장치를 마련하는 한편(제15조 제3항 및 제17조 제4항 신설, 제28조의4 신설), ③ 개인정보의 오용·남용 및 유출 등을 감독할 감독기구는 **개인정보보호위원회**로 일원화하고(제7조, 제7조의8 신설, 부칙 제9조), ④ 관련 법률의 **유사·중복 규정**은 개인정보법으로 정비하였다.

3. 개인정보보호법의 세계적 동향

가. 미국

세계는 지금 정보전쟁 중이다. 국가기밀뿐만 아니라 개인정보도 국가적으로 보면 국가안보와 관련된다. 대표적인 예로, **미국**은 중국의 대표적 다국적 IT기업인 화웨이(Huawei, 華爲技術)에 대한 제재를 강화해 오는 가운데,[57) 최근

---

57) ① 2018년 12월 1일(현지시간) 미국은 대(對) 이란 제재를 위반했다는 혐의로 멍완저우(孟晩舟) 화웨이 CFO를 캐나다에서 체포하였다. ② 그리고 2019년 1월 28일(현지시간) 중국 최대 통신업체 화웨이와 창업주의 딸 멍완저우 부회장 등을 은행 사기·기술절취 등 13개 혐의로 전격 기소했다. ③ 그리고 2019년 5월 15일(현지시간) 트럼프 대통령은 미국이 외국 적대세력의 통신 네트워크 장비와 서비스를 금지할 수 있게 하는 내용이 포함된 "정보통신 기술 및 서비스 공급망 확보" 행정명령에 서명했다. 이 행정명령은 미국 내 정보통신 기술 및 서비스에 대한 위협에 대응해 국가비상사태를 선포하고, 미국의 국가안보나 미국민의 안전과 보안에 용납할 수 없는 위험을 제기하는 거래를 금지할 권한을 상무장관에게 위임하였다. 이에 따라 다음 날 미 상무부는 화웨이와 68개 계열사를 거래제한 기업 리스트에 올렸다. ④ 그리고 2020년 2월 13일(현지시간) 뉴욕 연방검찰이 화웨이를 대상으로 리코(RICO)법 위반 내용이 담긴 공소장을 브루클린 연방법원에 제출했다. 리코법은 미국이 마피아 소탕을 위해 1970년 도입한 후 범죄집단 및 기업 부정거래 등에 활용하고 있다. ⑤ 그리고 2020년 5월 13일(현지시간) 트럼프 미국 대통령은 미국 국가안보에 위협을 초래하는 기업이 만든 통신장비를 미국 기업들이

에는 국가안보를 이유로 중국 기업의 인기 애플리케이션
(앱) 틱톡(TikTok)과 위챗(微信·중국판 카카오톡)을 퇴출시키는 조치
를 취했다.58)

사용하지 못하게 하는 행정명령을 1년 연장했다.

58) 서울=연합뉴스) 이준서 기자 = 도널드 트럼프 미국 대통령이 중
국 기업의 인기 애플리케이션(앱) 틱톡(TikTok)과 위챗(微信·중국판 카카
오톡)을 사실상 퇴출하기 위한 행정명령에 서명했다. 트럼프 대통령
은 2020년 8월 6일(현지시간) 밤 이같은 내용의 행정명령 2건에 서명
했다고 미국 언론들이 보도했다. 우선 틱톡에 대해서는, 앞으로 45
일 이후 모회사 바이트댄스와의 모든 거래(transactions)를 금지했다.
위챗에 대해서도 모회사인 텐센트(Tencent)와의 거래를 금지하는 유
사한 행정명령을 내놨다.
'거래금지'의 구체적인 의미와 내용을 부연하지는 않았다. AP통
신은 "거래금지는 모호한 단어"라면서 "애플이나 구글의 앱스토
어에서 틱톡과 위챗을 제외해야 한다는 의미일 수 있다"고 해석했
다.
트럼프 대통령은 "우리의 국가안보를 지키기 위한 조치"라고 설
명했다. 틱톡에 대해서는 "중국 공산당의 허위정보 캠페인에 이용
될 수 있다"고, 위챗에 대해선 "미국인 개인정보가 중국 공산당에
유출될 수 있다"고 각각 지적했다. 틱톡과 위챗이 중국 공산당의
영향권에 놓여있다는 의미인 셈이다.
틱톡은 짧은 동영상 공유 앱으로 미국 10대를 중심으로 세계적으로
폭발적 인기를 얻고 있으며, 위챗은 중국인 대부분이 쓰는 채팅 앱
이다. 일간 월스트리트저널(WSJ)은 "위챗을 겨냥한 행정명령의 충
격이 더욱 클 수 있다"면서 "위챗은 전 세계 중국인들이 개인 소
통뿐만 아니라 비즈니스 거래에서도 폭넓게 사용하는 앱"이라고
전했다.
이번 행정명령은 기본적으로는 45일 이후에는 미국 내 사용을 전면
금지하겠다는 의미로 보인다. 뒤집어 말하면, 틱톡 및 위챗의 미국
사업부를 45일 내 미국 기업에 매각하라는 압박으로도 읽힌다.
앞서 트럼프 대통령은 개인정보 유출과 국가안보 위협 우려를 이유
로 미국에서 틱톡 사용을 금지하겠다는 방침을 밝혔다가, 오는 9월

나. EU

세계 각국은 개인정보보호법제를 활발히 개정해 나가고 있는데, 앞에서 본 바와 같이, EU는 2018년부터 GDPR을 시행하고 있다. 이 규정은 개인정보의 처리와 관련한 자연인의 보호 및 개인정보의 자유로운 이동에 관하여 규정하였으며, 구체적 내용은 다음과 같다.

① EU 회원국의 모든 정보주체의 활동에 대한 모니터링에 적용되며, 장소적으로는 EU 밖의 개인정보 관리자나 처리자에게도 적용된다.
② EU 회원국은 별도의 법률을 제정할 필요없이, 이 규정의 내용대로 단일법이 적용된다. 이 규정의 시행을 위한 독립된 감독기구(Supervisory Authority)가 해당 사업자의 EU 전역에서의 개인정보처리를 감독하는 체제(One-Stop Shop)를 취하고, 유럽정보보호위원회(EDPB, European Data Protection Board)가 감독기구를 조정한다.
③ 일정기준 이상의 개인정보 관리자나 처리자는 정보보호책임자(Data Protection Officer)를 지정하여야 한다.
④ 개인정보 관리자(controller)[59]뿐만 아니라 처리자(processor)[60]

15일까지 틱톡의 매각 협상을 마무리하라는 '45일 시한'을 통보한 바 있다. 마이크 폼페이오 국무장관도 "틱톡이나 위챗 같은 신뢰하지 못하는 중국 앱이 미국의 앱 스토어에서 제거되는 것을 보고 싶다"고 밝혔다. 2020/08/07 11:53 송고.

59) 개인정보 처리의 목적과 수단을 결정하는 자연인 또는 법인, 공공기관, 기관 또는 기타 단체를 말한다('controller' means the natural or legal person, public authority, agency or other body which, alone or

도 개인정보 보호를 위한 직접적인 의무를 부담한다.

⑤ 정보주체의 동의요건을 강화하여, 수집되는 개인정보의 이용 목적에 대한 명시적인 동의를 받아야 한다.[61]

⑥ 개인정보 침해가 발생한 경우, 지체없이 감독기구에 통지하여 야 하며, 가능한한 72시간 이내에 하여야 한다.

⑦ 개인정보 침해에 대한 과징금은 매출액(EU 역내에서의 매출액이 아니라 전세계에서의 매출액)의 4% 또는 2천만 유로(한화 약280억) 중에서 높은 금액을 부과한다.

⑧ 정보주체가 개인정보 처리에 대한 동의를 철회하고 더 이상 합법적인 처리근거가 없는 경우와 같은 일정한 상황하에서 정보의 삭제를 요구할 수 있는 권리(Right to erasure), 이른 바 "잊혀질 권리"(right to be forgotten)[62]와 개인정보를 다른 개인정

---

jointly with others, determines the purposes and means of the processing of personal data).

60) 관리자를 대신하여 개인정보를 처리하는 자연인 또는 법인, 공 공기관, 기관 또는 기타 기관을 말한다('processor' means a natural or legal person, public authority, agency or other body which processes personal data on behalf of the controller).

61) 정보주체의 동의는 정보주체가 사전에 제공받은 정보에 근거하여, 진술 또는 명확한 행위를 통해 자신과 관련된 개인정보 처리에 대한 구체적이며 명확한 동의 의사를 자유롭게 표시하는 것을 말한다 ('consent' of the data subject means any freely given, specific, informed and unambiguous indication of the data subject's wishes by which he or she, by a statement or by a clear affirmative action, signifies agreement to the processing of personal data relating to him or her).

62) 정보주체는 개인정보 관리자에게 자신에 관한 개인정보를 지체 없이 삭제하게 요구할 권리를 가지며, 개인정보 관리자 는 다음 사 유 중 어느 하나에 해당하는 경우 지체없이 개인정보를 삭제할 의 무가 있다(Art. 17 Right to erasure ('right to be forgotten') The data subject shall have the right to obtain from the controller the erasure of personal data concerning him or her without undue delay and the controller shall have the obligation to erase personal data without undue delay where one of the following grounds applies: (a) the personal data are no longer necessary in relation to the

보 관리자에게 쉽게 이전할 수 있는 형태로 개인정보를 반환 받을 수 있는 권리, 이른 바 "정보 이동성"(Data Portability)을 보장하였다.63)

---

purposes for which they were collected or otherwise processed; (b) the data subject withdraws consent on which the processing is based according to point (a) of Article 6(1), or point (a) of Article 9(2), and where there is no other legal ground for the processing; (c) the data subject objects to the processing pursuant to Article 21(1) and there are no overriding legitimate grounds for the processing, or the data subject objects to the processing pursuant to Article 21(2); (d) the personal data have been unlawfully processed; (e) the personal data have to be erased for compliance with a legal obligation in Union or Member State law to which the controller is subject; (f) the personal data have been collected in relation to the offer of information society services referred to in Article 8(1). 2. Where the controller has made the personal data public and is obliged pursuant to paragraph 1 to erase the personal data, the controller, taking account of available technology and the cost of implementation, shall take reasonable steps, including technical measures, to inform controllers which are processing the personal data that the data subject has requested the erasure by such controllers of any links to, or copy or replication of, those personal data. 3. Paragraphs 1 and 2 shall not apply to the extent that processing is necessary: (a) for exercising the right of freedom of expression and information; (b) for compliance with a legal obligation which requires processing by Union or Member State law to which the controller is subject or for the performance of a task carried out in the public interest or in the exercise of official authority vested in the controller; (c) for reasons of public interest in the area of public health in accordance with points (h) and (i) of Article 9(2) as well as Article 9(3); (d) for archiving purposes in the public interest, scientific or historical research purposes or statistical purposes in accordance with Article 89(1) in so far as the right referred to in paragraph 1 is likely to render impossible or seriously impair the achievement of the objectives of that processing; or (e) for the establishment, exercise or defence of legal claims).

63) Art. 20 Right to data portability 1. The data subject shall have the right to receive the personal data concerning him or her, which he or she has provided to a controller, in a structured, commonly used and machine-readable format and

⑨ 개인정보의 국외이전을 위하여는 "적절성 결정"(Adequacy Decision)이나 "적절한 안전조치"(Appropriate Safeguards)요건을 갖추어야 한다.[64]

　특히, 이상의 ① 잊혀질 권리, ② 정보이동성, ③ 자동화된 개별 의사결정제한[65] 등을 처음 규정하였다는 점에

---

have the right to transmit those data to another controller without hindrance from the controller to which the personal data have been provided, where: (a) the processing is based on consent pursuant to point (a) of Article 6(1) or point (a) of Article 9(2) or on a contract pursuant to point (b) of Article 6(1); and (b) the processing is carried out by automated means. 2. In exercising his or her right to data portability pursuant to paragraph 1, the data subject shall have the right to have the personal data transmitted directly from one controller to another, where technically feasible. 3. 1The exercise of the right referred to in paragraph 1 of this Article shall be without prejudice to Article 17. 2That right shall not apply to processing necessary for the performance of a task carried out in the public interest or in the exercise of official authority vested in the controller. 4. The right referred to in paragraph 1 shall not adversely affect the rights and freedoms of others.

64) 최경진, "EU와 미국의 개인정보 규율체계 개선 동향" (2016), 610~613면.

65) Art. 22 Automated individual decision-making, including profiling 1. The data subject shall have the right not to be subject to a decision based solely on automated processing, including profiling, which produces legal effects concerning him or her or similarly significantly affects him or her.
2. Paragraph 1 shall not apply if the decision: (a) is necessary for entering into, or performance of, a contract between the data subject and a data controller;
(b) is authorised by Union or Member State law to which the controller is subject and which also lays down suitable measures to safeguard the data subject's rights and freedoms and legitimate

서 의의가 있다.[66] 그리고 GDPR의 시행 후 위반 기업 제재도 급증하고 있어 우리 기업의 주의가 요구된다. 한국무역협회 브뤼셀지부가 12일 발표한 "EU GDPR 위반 사례와 기업 유의사항"에 따르면 2018년 5월 GDPR 시행 이후 지난 5월까지 2년간 GDPR 위반 기업에 대한 EU 국가들의 과징금 부과 건수와 누적 금액은 273건, 1억5000만 유로로 달했다.

국가별로는 스페인(81건), 루마니아(26건), 독일(25건) 순으로 부과 사례가 많았고 금액별로는 프랑스(5110만 유로), 이탈리아(3940만 유로), 독일(2510만 유로) 순이었다. 과징금 부과 사유는 개인정보 처리의 적법성 미비(105건), 기술적·관리적 보호조치 미비(63건), 개인정보 처리 원칙 미비(41건) 등이었다.

---

interests; or

(c) is based on the data subject's explicit consent.

3. In the cases referred to in points (a) and (c) of paragraph 2, the data controller shall implement suitable measures to safeguard the data subject's rights and freedoms and legitimate interests, at least the right to obtain human intervention on the part of the controller, to express his or her point of view and to contest the decision.

4. Decisions referred to in paragraph 2 shall not be based on special categories of personal data referred to in Article 9(1), unless point (a) or (g) of Article 9(2) applies and suitable measures to safeguard the data subject's rights and freedoms and legitimate interests are in place.

66) 조성은·민대홍, 『GDPR시대 개인정보정책의 주요 쟁점 및 대응방안: KISDI Premium Report』 (2018), 8면.

프랑스는 개인정보 처리 투명성 부족, 정보주체의 정보 열람 권리의무 위반 등을 이유로 구글에 5000만 유로(원화 약 700억원)의 과징금을 부과했고 이탈리아는 소비자 동의 없이 텔레마케팅을 전개하고 데이터 활용 목적별 동의를 받지 않은 자국 통신기업 팀(TIM)에 2780만 유로의 과징금을 부과했다. 오스트리아 우체국, 영국항공, 영국 메리어트 등도 개인정보 무단 수집, 사용, 유출 등으로 과징금을 받았다.67)

다. 미국

미국에서는 그동안 개인정보 보호를 각 개별법에 맡겨 왔는데, 2018년 캘리포니아주에서 최초로 개인정보 보호에 관한 일반법인 **「캘리포니아주 소비자 프라이버시법」** 68)을 제정하였다. 이 법의 제정은 다른 주나 연방정

---

67) [아시아경제 황윤주 기자] 보고서는 "GDPR 위반 시 과징금뿐만 아니라 사업관행 변경, 고객 신뢰 훼손 등의 막대한 피해가 발생하므로 주요 위반조항을 숙지하고 충분한 예산과 인력을 배치하고 준수에 힘써야 한다"며 "혹시라도 위반 의심사례가 발생했다면 감독기구에 신속히 신고하고 조사에 적극 협조하는 것이 과징금 부과 여부 및 가액 결정에 도움이 된다"고 밝혔다. 강노경 무역협회 브뤼셀지부 대리는 "과징금을 받은 기업들은 연간 보고서에서 EU의 GDPR을 주요 비즈니스 리스크로 다루면서 준법감시 의무를 한층 강화하고 있다"며 "우리 기업도 예외가 아닌 만큼 GDPR 준수를 위한 체계적이고 지속 가능한 대응이 필요하다"고 강조했다; 기사입력 2020.06.12. 06:48.

부의 입법에도 영향을 미칠 것으로 보인다.[69]

라. 일본

일본은 2003년 개인정보보호법을 제정한 이후 10여 년 동안 실질적인 개정을 하지 않았지만, 정보통신기술의 발전으로 다양한 개인정보가 이용됨에 따라 개인의 권리와 이익을 보호하면서도 이를 적절히 활용할 수 있는 환경을 정비할 필요성이 제기되었다.

이러한 요구를 반영하여 2015년 9월 9일, **개인식별번호 이용법**[70]을 제정하였는데, 이 법에 의하여 개인정보보호법이 개정되었다.

그 주요 내용은 ① 개인정보 정의의 명확화 ② 익명가공정보의 신설 ③ 개인정보 보호의 강화 ④ 개인정보보호

---

68) 이 법의 정식명칭은 California Consumer Privacy Act(CCPA)이다.

69) 미국에서 포괄적인 개인정보보호에 관한 입법이 추진되고 있지는 않지만, 온라인상의 개인정보 및 프라이버시의 실질적인 보호를 위하여 포괄적인 프라이버시 권리장전(Privacy Bill of Rights)을 제정하자는 주장이 있다; 최경진, "EU와 미국의 개인정보 규율체계 개선 동향" (2016), 615면.

70) 이 법의 정식명칭은 「개인정보의 보호에 관한 법률 및 행정절차에 있어서 특정개인을 식별하기 위한 번호의 이용 등에 관한 법률의 일부를 개정하는 법률」 이다.

위원회의 신설 ⑤ 개인정보 취급의 국제화에 따른 대책
등이다.71)

  그리고 **2020년 6월 12일**에는 EU의 GDPR을 반영하여
개인정보보호법을 대폭 개정하였다. 그 주요 내용은 ①
개인정보 보호의 강화 ② 사업자의 책무 강화 ③ 사업자
의 자주적인 조치 인정 ④ 데이터 활용 시책 ⑤ 처벌 강
화 ⑥ 정보의 국제이동 규제 등이다.72)

---

71) 國立國會圖書館, 『調査と情報-ISSUE BRIEF-, No.1089: 個人情報
保護法見直しの概要』(2020), 1~2면.

72) 田中浩之・北山 昇, 『令和2年改正 個人情報保護法 Q&A』, 商
事法務, 2020, 3면.

제3절 개인정보보호법의 법적 지위

1. 헌법과의 관계

가. 헌법과 개인정보보호법의 관계

앞에서 본 바와 같이, 개인정보보호법의 이념은 헌법에서 찾아야 하므로, 헌법상 ① 인간의 존엄과 가치(제10조), ② 행복추구권(제10조), ③ 사생활의 비밀과 자유(제17조)를 들 수 있다.

개인정보보호법은 이상의 **헌법의 규범적 요청**을 구체적으로 실현하는 법률이다. 이는 헌법과 개인정보보호법의 관계에서만 성립하는 특유한 현상이 아니고, 헌법과 모든 법률의 관계에 공통적으로 적용되는 일반적 현상이다. 이는 헌법이 가지는 국가질서의 기본과 국민기본권 보장의 **원천법**으로서의 성격에서 연유한다.

나. 구체적 적용상의 문제점

헌법에 의하여 모든 국민은 **개인정보에 대한 자기결정 권**[73]을 가진다.

이 개인정보에 대한 자기결정권의 헌법적 근거에 대하여는 ① **사생활의 비밀과 자유**(제17조)**설**[74], ② **인간의 존엄과 가치**(제10조)**설**[75], ③ **종합**(제17조+제10조)**설**[76] 등으로 나누어 지고 있다.

이에 관하여 학설은 ① 사생활의 비밀과 자유설이 다수설이며, 헌법재판소와 대법원은 ③ 종합설에 따르고 있다. 즉, 헌법재판소와 대법원은 인간의 존엄과 가치, 행복추구권을 규정한 헌법 제10조 제1문에서 도출되는 일반적 인격권 및 헌법 제17조의 사생활의 비밀과 자유에 의하여

---

73) 이를 '자기정보통제권'이라 부르기도 한다; 권건보, "정보주체의 개인정보자기결정권" (2016), 60면.

74) 권영성, 『헌법학원론』 (2010), 458면; 성낙인, 『헌법학』 (2020), 1349면; 김일환, "정보자기결정권의 헌법상 근거와 보호에 관한 연구" (2001), 101~102면; 변재옥, "정보사회에 있어서의 프라이버시의 권리: 미국의 경우를 중심으로" (1979), 29~33면.

75) 김철수, 『헌법학신론』 (2013), 713면.

76) 백윤철·김상겸·이준복, 『인터넷과 개인정보보호법』 (2012), 143면; 고학수, "개인정보보호: 규제체계에 관한 논의의 전개와 정책적 과제" (2016), 19~20면; 장주봉, "개인정보의 의미와 규제범위" (2016), 98면.

보장되는 개인정보자기결정권은 자신에 관한 정보가 언제 누구에게 어느 범위까지 알려지고 또 이용되도록 할 것인지를 정보주체가 스스로 결정할 수 있는 권리이다.77) , 헌법 제10조의 인간의 존엄과 가치, 행복추구권과 헌법 제17조의 사생활의 비밀과 자유에서 도출되는 개인정보자기결정권은 자신에 관한 정보가 언제 누구에게 어느 범위까지 알려지고 또 이용되도록 할 것인지를 정보주체가 스스로 결정할 수 있는 권리이다.78) 그리고 인간의 존엄과 가치는 모든 기본권의 기초에 해당하므로 여기서 특정 기본권이 창출된다고 보기는 어렵고, 개인정보의 자기결정권은 사생활의 비밀과 자유에서 연유한다고 봄이 타당하다.

구체적으로 개인정보에 대한 자기결정권은 구체적으로 수집 · 이용 · 제공 등에 대한 동의권을 토대로 정보를 제공받을 권리, 열람청구권, 정정 · 삭제 · 파기청구권, 피해에 대한 구제청구권 등의 권리를 가진다(제4조).79)

이에 따라 국가는 국민의 정보를 보호할 책임을 가짐과 동시에 국가가 국민의 기대에 부응하여 복리증진이라는 국가적 과제를 합리적이고 효과적으로 수행하기 위하여는

---

77) 헌법재판소 2005.5.26. 선고 헌마513결정; 대법원 2016. 8. 17. 선고 2014다235080 판결.

78) 헌법재판소 2005.5.26. 선고 헌마513결정; 대법원 2016. 3. 10. 선고 2012다105482 판결.

79) 권건보, "정보주체의 개인정보자기결정권" (2016), 62~64면.

국가에 의한 개인정보의 수집·처리가 필요하다.[80]

그리고 헌법상 개인정보에 관한 권리 제한 문제가 제기된다. 이도 다른 기본권들과 마찬가지로 절대적 보호대상이 아니며, 헌법상 **국가안전보장·질서유지 또는 공공복리**를 위하여 필요한 경우에 한하여 법률로써 제한할 수있는 원칙이 적용되며(제37조 제2항), 정보처리자들의 이익과 개인정보의 이용을 통해 달성할 수 있는 공익과 조화를 이루는 범위내에서 보호된다.[81] 이 점에서 현 개인정보법은 개인정보 보호에 역점을 두어 개인정보의 활용과의 균형을 상실하였다는 주장도 있다.[82]

2. 민법과의 관계

가. 민법과 개인정보보호법의 관계

개인정보는 그동안 인격권의 문제로 다루어져 왔으나, 점차 재산권의 성격도 가지게 되었다. 재산권에 관한 내

---

80) 성낙인, 『헌법학』(2019), 1235면.

81) 장주봉, "개인정보의 의미와 규제범위"(2016), 100면.

82) 이 양자 간에 존재하는 이러한 긴장관계를 조정하는 것은 우선적으로 입법자의 과제이다: 김일환, "개인정보의 보호와 이용법제의 분석을 위한 헌법상 고찰"(2011), 353~389면; 문재완, 『잊혀질 권리: 이상과 실현』(2016), 273~274면.

용은 민법(물권과 채권)에 규정하고 있으므로, 개인정보보호법
도 점차 민법과 가까워지고 있다.

나. 구체적 적용상의 문제점

개인정보를 침해당한 경우 손해배상청구권을 가지며 개
인정보법에서 그 특칙을 규정하고 있지만, 여기에 국한되
지 아니하고 민법상 손해배상청구권도 함께 가진다고 보
아야 한다. 그리고 이를 규정하지 아니한 기타의 공동불
법행위와 부당이득의 문제는 민법의 해석으로 해결하여야
한다.

3. 민사소송법과의 관계

가. 민사소송법과 개인정보보호법의 관계

개인정보와 관련한 소송을 위하여 개인정보법은 특별히
단체소송제도를 규정하고 있지만, 여기에 규정이 없는 경
우에는 민사소송법을 적용한다(제57조 제1항).

나. 구체적 적용상의 문제점

개인정보법에서 규정하고 있는 단체소송은 민사소송법

의 일반원칙에 비하여 특별한 점이 있다.

먼저, **변호사강제주의**를 취하고, 소비자가 직접 소송을 제기할 수 없고 소송을 제기할 수 있는 **단체를 지정**하고 있다. 소장과 함께 허가신청서를 제출하여 **법원의 허가**를 받아야 하며, 원고의 청구가 기각된 경우 동일한 사안에 관하여 다른 단체도 소송을 제기할 수 없는 **대세효**를 가진다.[83]

그리고 단체소송의 절차에 관하여 필요한 사항은 **대법원규칙**으로 정하도록 하였는데(제57조 제3항), 대법원은 「**개인정보 단체소송규칙**」을 제정하여 운용하고 있다.

4. 민사집행법과의 관계

가. 민사집행법과 개인정보보호법의 관계

개인정보를 침해받았을 때, 이에 대한 판결이 선고되어 강제집행이 되기까지 많은 시간과 비용이 들기 때문에, 민사집행법상 가처분제도를 활용할 수 있다.

민사집행법은 부동산, 동산, 선박, 채권 등에 관한 강제집행절차를 각각 규정하고, "그 밖의 재산권"에 대한

---

83) 정영환, 『신민사소송법』(2019), 1022~1024면.

강제집행은 부동산에 관한 강제집행 및 채권에 관한 강제
집행을 준용하고 있다.[84]

나. 구체적 적용상의 문제점

개인정보법상 단체소송의 허가결정이 있는 경우에는 민
사집행법에 따른 **보전처분**을 할 수 있다(제57조 제2항).

5. 형법과의 관계

가. 형법과 개인정보보호법의 관계

형법은 범죄와 형벌에 관한 기본법이고 개인정보를 침
해하는 행위도 범죄를 구성하므로, 형법의 적용을 벗어날
수 없다. 범죄의 성립과 처벌에 관한 총칙(제1편) 및 구체적
범죄행위와 처벌기준에 관한 각칙(제2편)은 개인정보보호법
에도 특별한 규정이 없는 한 모두 원칙적으로 적용된
다.[85]

---

84) 제251조(그 밖의 재산권에 대한 집행) ① 앞의 여러 조문에 규
정된 재산권 외에 부동산을 목적으로 하지 아니한 재산권에 대한
강제집행은 이 관의 규정 및 제98조 내지 제101조의 규정을 준용한
다. ② 제3채무자가 없는 경우에 압류는 채무자에게 권리처분을 금
지하는 명령을 송달한 때에 효력이 생긴다.

85) 개인정보보호법도 헌법상 보장된 인격권을 보호하기 위한 것이

나. 구체적 적용상의 문제점

개인정보보호법에는 개인정보를 침해하는 행위에 대한 벌칙 규정을 두고 있는데, 이는 **광의의 형법**에 해당한다.

형법의 명예훼손죄는 ① 공연히 ② 사실을 적시하여 ③ 다른 사람의 명예를 훼손하여야 하지만(제307조), 개인정보법은 이러한 까다로운 요건을 갖추지 않더라도 개인정보를 침해하는 행위 자체로 처벌을 받게 된다.

그런데 개인정보법상 형사처벌 규정은 개인정보의 개념을 명확하게 규정하지 않고 침해자를 처벌하는 것으로, 죄형법정주의에 위반할 소지가 있으며, 다른 법률에 비하여 형벌이 과도하게 무거워 체계정당성 원리에 반할 수 있다는 주장[86]이 있다.

다; 천주현, 『시민과 형법』 (2019), 237면.

86) 문재완, 『잊혀질 권리: 이상과 실현』 (2016), 286~287면.

6. 행정법과의 관계

가. 행정법과 개인정보보호법의 관계

개인정보를 보호하기 위하여 국가와 지방자치단체에 권한과 책임을 부여하고, 보호위원회와 분쟁조정위원회 등 행정위원회에 주요 기능을 부여하고 있으므로, 개인정보보호법은 행정법과 **가장 밀접한 관계**에 있다.

나. 구체적 적용상의 문제점

개인정보법상 개인정보의 열람요구, 정정·삭제요구 및 처리정비 등 요구(제35조 내지 제37조)에 대한 거부나 부작위는 행정심판법 및 행정소송법상 처분이나 부작위에 해당하므로, 이에 대하여 행정심판이나 행정소송을 제기할 수 있다.

그리고 정보공개법과의 관계도 문제된다. 정보공개법에는 개인정보도 해당하므로, 정보공개와 정보보호가 상호 대립하는 면이 있다. 이와 동시에 정보공개와 정보보호는 정보화사회에서 대량으로 유통되는 정보를 규제한다는 면

에서는 상호 보완적인 관계에 있다.[87]

7. 노동법과의 관계

가. 노동법과 개인정보보호법의 관계

노동법과의 관계에서도 국가 또는 지방자치단체가 노동 복지 등 공공목적으로 개인정보를 이용할 수도 있어서[88], 이 경우 개인정보 보호문제가 발생한다. 그리고 회사와의

---

87) 박균성, 『행정법론(상)』(2019), 769~773면.

88) 근로기준법 시행령 제59조의2(민감정보 및 고유식별정보의 처리) 고용노동부장관(제59조에 따라 고용노동부장관의 권한을 위임받은 자를 포함한다) 또는 노동위원회는 다음 각 호의 사무를 수행하기 위하여 불가피한 경우 개인정보 보호법 제23조에 따른 건강에 관한 정보(제7호의 사무만 해당한다)와 같은 법 시행령 제19조 제1호 또는 제4호에 따른 주민등록번호 또는 외국인등록번호가 포함된 자료를 처리할 수 있다.
1. 법 제19조 제2항에 따른 손해배상 청구에 관한 사무
2. 법 제28조 제1항에 따른 부당해고등의 구제에 관한 사무
3. 법 제30조 제3항에 따른 금품지급명령에 관한 사무
4. 법 제33조에 따른 부당해고 구제명령의 이행 확인 및 이행강제금 부과 등에 관한 사무
4의2. 법 제43조의2에 따른 체불사업주의 명단 공개 및 법 제43조의3에 따른 임금등 체불자료의 제공에 관한 사무
5. 법 제64조에 따른 취직인허증에 관한 사무
6. 법 제81조에 따른 중대과실 인정에 관한 사무
7. 법 제88조 제1항 및 제89조 제1항에 따른 심사와 중재에 관한 사무
8. 법 제104조에 따른 법 위반 사실의 통보에 관한 사무
9. 법 제112조에 따른 확정된 구제명령 등을 이행하지 아니한 자에 대한 고발에 관한 사무

관계에서도 취업, 복지 등의 목적으로 개인정보를 수집·
이용할 수도 있고[89], 노동조합활동과 관련된 정보를 불법
적으로 수집하는 사례도 발생할 수 있어서 개인정보 침해
의 문제가 발생할 수 있다.

나. 구체적 적용상의 문제점

노동자가 입사시 제공하는 입사지원서, 자기소개서, 이
력서 등을 통하여 회사에 제공하는 개인정보에 대한 관리
문제가 발생할 수 있다. 특히, 회사는 임금지급, 교육, 증
명서 발급, 복지제공 등을 위한 경우, 본인의 동의없이 개
인정보를 수집·이용할 수 있는데 이 과정에서 개인정보
침해가 발생할 수 있다. 이 경우에도 회사는 최소한 노동
자에게 개인정보의 수집·이용에 대한 내용을 통지하도록
할 필요가 있다.[90] 그리고 노동조합활동과 관련된 정보를
불법적으로 수집하는 행위는 부당노동행위에 해당할 수
있다.

---

89) 개인정보보호위원회 개인정보보호지침(2020.8.5. 제정 및 시행) 제
6조 ⑦ 근로자와 사용자가 근로계약을 체결하는 경우 근로기준법에
따른 임금지급, 교육, 증명서 발급, 근로자 복지제공을 위하여 근로
자의 동의 없이 개인정보를 수집·이용할 수 있다.

90) 전주현, 『개인정보호호실무』(2017), 71면.

8. 지식재산권법과의 관계

가. 지식재산권법과 개인정보보호법의 관계

개인정보는 ① 지식재산권의 직접적 보호대상이 되는 정보와 ② 지식재산권의 보호대상으로서의 요건을 갖추지는 못한 단순한 아이디어를 담고 있는 정보 등으로 다양하다. 그리고 전산처리된 정보(digital data)는 저작권법의 저작물에 해당할 수 있으므로, 개인정보도 지식재산권법의 적용을 받을 수 있다.[91]

나. 구체적 적용상의 문제점

본래의 의미의 개인정보는 인격권의 규율이 적합하지만, **집합개인정보**는 재산권적 성격을 가지고 있어 향후 새로운 규율이 필요하다. 구체적으로는, 집합개인정보의 작성자에게 ① 독점권을 주거나 타인의 부당한 침해를 막을 수 있는 권리를 부여하는 방안, ② 일정한 책임제한요건을 명시하는 방안, ③ 법적 지위를 강화하는 방안 등에 대한 검토가 필요하다.[92]

---

91) Chrobak, L., *Proprietary Rights in Digital Data? Normative Perspectives and Principles of Civil Law*(2018), 261면.

92) 박준석, "지적재산권에서 바라본 개인정보 보호"(2016), 168면.

제 2 장 정보주체의 권리와 보호

제1절 정보주체의 권리

1. 정보주체의 권리 내용

앞에서 본 바와 같이, 개인은 자신의 정보에 대한 **자기결정권**을 가지고, 이는 구체적으로 수집·이용·제공 등에 대한 동의권을 토대로 정보를 제공받을 권리, 열람청구권, 정정·삭제·파기청구권, 피해에 대한 구제청구권 등의 권리를 가진다(제4조).

가. 사전동의의 권리

정보주체의 가장 핵심적인 권리는 **"개인정보의 처리에 관한 동의 여부, 동의 범위 등을 선택하고 결정할 권리"**이다. 정보주체의 자유로운 결정에 의하여 자신의 정보처리에 동의할 수 있는 권리이므로, 포괄적인 동의는 금지된다.[93]

나. 개인정보 처리정보를 제공받을 권리

정보주체는 개인정보의 수집, 이용, 제공 등의 처리 목적과 범위 등에 관한 **정보를 개인정보처리자로부터 제공받을 권리**를 가진다. 이에 따라 개인정보처리자는 이를 정보주체에게 알려주어야 할 의무를 진다.

다. 확인 및 열람을 요구할 권리

정보주체는 개인정보처리자가 처리하는 자신의 개인정보에 대한 **사본의 발급을 포함한 열람**을 해당 개인정보처리자에게 요구할 수 있다(제35조 제1항). 이는 자신의 개인정보에 대한 접근권이라 할 수 있으며, 개인정보처리자의 무분별한 개인정보 수집, 이용, 제공을 방지하는 기능을 한다.[94]

이 경우 공공기관에 요구하고자 할 때에는 공공기관에 직접 열람을 요구하거나 보호위원회를 통하여 **열람을 요구**할 수 있다(제35조 제2항). 개인정보처리자는 위 열람을 요구받았을 때에는 **10일 내에** 정보주체가 해당 개인정보를

---

93) 성선제, 『개인정보보호법』 (2014), 33면.

94) 성선제, 『개인정보보호법』 (2014), 34면.

열람할 수 있도록 하여야 한다(제35조 제3항, 영 제41조 제4항).[95]

라. 개인정보의 처리 정지 · 정정 등의 권리

자신의 개인정보를 열람한 정보주체는, 다른 법령에서 그 개인정보가 수집 대상으로 명시되어 있는 경우를 제외하고, 개인정보처리자에게 그 개인정보의 **정정 또는 삭제를 요구할 수 있다**(제36조 제1항).[96] 이는 불완전하거나 부정확한 정보, 그리고 정보처리의 목적이 달성되어 계속 보관할 필요성이 없는 경우에 이들 정보에 대한 처리 정지, 정정 · 삭제 및 파기를 요구할 수 있다.[97]

---

95) 이 경우 해당 기간 내에 열람할 수 없는 정당한 사유가 있을 때에는 정보주체에게 그 사유를 알리고 열람을 연기할 수 있으며, 그 사유가 소멸하면 지체 없이 열람하게 하여야 한다. 그리고 법률에 따라 열람이 금지되거나 제한되는 경우 등 소정사유에 해당하는 경우에는 정보주체에게 그 사유를 알리고 열람을 제한하거나 거절할 수 있다(제35조 제4항).

96) 개인정보처리자는 정보주체의 요구를 받았을 때에는 개인정보의 정정 또는 삭제에 관하여 다른 법령에 특별한 절차가 규정되어 있는 경우를 제외하고는 지체 없이 그 개인정보를 조사하여 정보주체의 요구에 따라 정정 · 삭제 등 필요한 조치를 한 후 그 결과를 정보주체에게 알려야 한다(제36조 제2항). 그리고 개인정보처리자가 개인정보를 삭제할 때에는 복구 또는 재생되지 아니하도록 조치하여야 한다(제36조 제3항).

이 중에서 특히 자신의 개인정보를 삭제할 것을 요구할 수 있는 권리를 "잊혀질 권리" 라 부른다. 그러나 우리 법의 규정은 모든 종류의 잊혀질 권리를 보장하지 못하고, 정보주체가 직접 개인정보처리자에게 제공한 개인정보와 이러한 정보와 쉽게 결합할 수 있는 개인정보를 대한 삭제요구만을 의미한다.

따라서 인터넷 포털이 제공하는 언론보도나 블로그 게시물, 검색 엔진을 통해서 검색되는 검색결과로서 표현물은 여기에 포함된다고 보기 어렵다. 또 정보주체 자신이 직접 게시하거나 제3자가 게시한 정보 가운데 개인정보처리자의 업무목적에 해당하지 않는 정보는 잊혀질 권리의 대상에 포함되지 않게 된다. 오히려 잊혀질 권리의 핵심은 인터넷상 타인의 관심으로부터 벗어날 수 있는 권리라 할 수 있으므로, 이를 보호할 수 있는 방향으로 입법의 개선이 요망된다.[98]

그리고 정보주체는 개인정보처리자에 대하여 자신의 개인정보 처리의 정지를 요구할 수 있으며, 공공기관에 대하여는 등록 대상이 되는 개인정보파일 중 자신의 개인정보에 대한 처리의 정지를 요구할 수 있다(제37조 제1항).[99]

---

97) 성선제, 『개인정보보호법』 (2014), 34면.

98) 문재완, 『잊혀질 권리: 이상과 실현』 (2016), 273~274면.

99) 개인정보처리자는 이 요구를 받았을 때에는 지체 없이 정보주

마. 피해에 대한 구제청구의 권리

정보주체는 개인정보의 처리로 인하여 발생한 피해를 신속하고 공정한 절차에 따라 구제받을 권리를 가진다. 개인정보법은 이를 실현하기 위하여 입증책임의 전환, 분쟁조정제도, 단체소송제도 등을 두고 있다.

2. 정보주체의 권리 제한

가. 기본권 제한의 일반원칙

개인정보에 관한 권리도 다른 기본권들과 마찬가지로 절대적 보호대상이 아니다. 먼저 헌법상 모든 기본권은 **국가안전보장·질서유지 또는 공공복리**를 위하여 필요한 경우에 한하여 법률로써 제한할 수 있으며(제37조 제2항), 정보처리자들의 이익과 개인정보의 이용을 통해 달성할 수 있는 공익과 조화를 이루는 범위내에서 보호된다.[100]

체의 요구에 따라 개인정보 처리의 전부를 정지하거나 일부를 정지하여야 하지만, 법률에 특별한 규정이 있거나 법령상 의무를 준수하기 위하여 불가피한 경우 등 소정사유에 해당하는 경우에는 정보주체의 처리정지 요구를 거절할 수 있다(제37조 제2항).

100) 장주봉, "개인정보의 의미와 규제범위" (2016), 100면.

나. 개인정보법상의 제한

(1) 공공목적의 정보이용

개인정보처리자는 **공공기관**이 법령 등에서 정하는 소관 업무의 수행을 위하여 불가피한 경우 등에는 정보주체의 동의를 받지 않고도 개인정보를 수집할 수 있으며 그 수집 목적의 범위에서 이용할 수 있다(제15조 제1항).

이와 관련된 판례를 보면, 상법상 주주는 영업시간 내에 언제든지 주주명부의 열람 또는 등사를 청구할 수 있고(제396조 제2항), 자본시장과 금융투자업에 관한 법률(자본시장법)에서 정한 실질주주 역시 이러한 주주명부의 열람 또는 등사를 청구할 수 있다(제315조 제2항). 이는 주주가 주주권을 효과적으로 행사할 수 있게 함으로써 주주를 보호함과 동시에 회사의 이익을 보호하려는 데에 그 목적이 있다. 그와 함께 소수주주들로 하여금 다른 주주들과의 주주권 공동행사나 의결권 대리행사 권유 등을 할 수 있게 하여 지배주주의 주주권 남용을 방지하는 기능도 담당한다.

그런데 자본시장법에 따라 **예탁결제원**에 예탁된 상장주식 등에 관하여 작성되는 실질주주명부는 상법상 주주명부와 동일한 효력이 있으므로(자시 제316조 제2항), 위와 같은 열람·등사청구권의 인정 여부와 필요성 판단에서 주주명부와 달리 취급할 이유가 없다. 따라서 실질주주가 실질주주명부의 열람 또는 등사를 청구하는 경우에도 상법 제396조 제2항이 유추적용된다. 열람 또는 등사청구가 허용되는 범위도 위와 같은 유추적용에 따라 '실질주주명부상의 기재사항 전부'가 아니라 그 중 실질주주의 성명 및 주소, 실질주주별 주식의 종류 및 수와 같이 '주주명부의 기재사항'에 해당하는 것에 한정된다. 이러한 범위 내에서 행해지는 실질주주명부의 열람 또는 등사가 개인정보의 수집 또는 제3자 제공을 제한하고 있는 개인정보보호법에 위반된다고 볼 수 없다.[101]

구체적으로, **개인정보법**은 다음의 어느 하나에 해당하는 개인정보에 관하여는 이상의 '정보주체의 권리'에 관한 규정(제35조~제38조)의 적용을 배제한다(제58조 제1항).

① 공공기관이 처리하는 개인정보 중 통계법에 따라 수집되는 개인정보
② 국가안전보장과 관련된 정보 분석을 목적으로 수집 또는 제공 요청되는 개인정보
③ 공중위생 등 공공의 안전과 안녕을 위하여 긴급히 필요한 경우로서 일시적으로 처리되는 개인정보
④ 언론, 종교단체, 정당이 각각 취재·보도, 선교, 선거 입후보자 추천 등 고유 목적을 달성하기 위하여 수집·이용하는 개인정보.

---

101) 대법원 2017. 11. 9. 선고 2015다235841 판결.

(2) 공개된 영상정보처리기기

개인정보법은 공개된 장소에 영상정보처리기기를 설치·운영하는 것을 엄격히 제한하고 있는데(제25조 제1항), 이 경우 처리되는 개인정보에 대하여는 제15조(개인정보의 수집·이용), 제22조(동의를 받는 방법), 제27조(영업양도 등에 따른 개인정보의 이전 제한) 제1항·제2항, 제34조(개인정보 유출 통지 등) 및 제37조(개인정보의 처리정지 등)를 적용하지 아니한다(제58조 제2항).

(3) 친목단체

개인정보처리자가 동창회, 동호회 등 친목 도모를 위한 단체를 운영하기 위하여 개인정보를 처리하는 경우에는 제15조(개인정보의 수집·이용), 제30조(개인정보 처리방침의 수립 및 공개) 및 제31조(개인정보 보호책임자의 지정)를 적용하지 아니한다(제58조 제3항).

다. 감염병예방법에 의한 제한

질병관리청장, 시·도지사 또는 시장·군수·구청장은 감염병을 예방하기 위하여 **집회금지, 특정시설 출입자 명단작성 등 다음과 같은 필요한 조치**를 하거나 그에 필요한 일부 조치를 하여야 한다(제49조 제1항).

① 관할 지역에 대한 교통의 전부 또는 일부를 차단하는 것

② 흥행, 집회, 제례 또는 그 밖의 여러 사람의 집합을 제한하거
나 금지하는 것

③ 감염병 전파의 위험성이 있는 장소 또는 시설의 관리자·운
영자 및 이용자 등에 대하여 출입자 명단 작성, 마스크 착용
등 방역지침의 준수를 명하는 것

④ 버스·열차·선박·항공기 등 감염병 전파가 우려되는 운송
수단의 이용자에 대하여 마스크 착용 등 방역지침의 준수를
명하는 것

⑤ 감염병 전파가 우려되어 지역 및 기간을 정하여 마스크 착용
등 방역지침 준수를 명하는 것

⑥ 건강진단, 시체 검안 또는 해부를 실시하는 것

⑦ 감염병 전파의 위험성이 있는 음식물의 판매·수령을 금지하
거나 그 음식물의 폐기나 그 밖에 필요한 처분을 명하는 것

⑧ 인수공통감염병 예방을 위하여 살처분(殺處分)에 참여한 사람
또는 인수공통감염병에 드러난 사람 등에 대한 예방조치를
명하는 것

⑨ 감염병 전파의 매개가 되는 물건의 소지·이동을 제한·금지
하거나 그 물건에 대하여 폐기, 소각 또는 그 밖에 필요한 처
분을 명하는 것

⑩ 선박·항공기·열차 등 운송 수단, 사업장 또는 그 밖에 여러
사람이 모이는 장소에 의사를 배치하거나 감염병 예방에 필
요한 시설의 설치를 명하는 것

⑪ 공중위생에 관계있는 시설 또는 장소에 대한 소독이나 그 밖
에 필요한 조치를 명하거나 상수도·하수도·우물·쓰레기장
·화장실의 신설·개조·변경·폐지 또는 사용을 금지하는
것

⑫ 쥐, 위생해충 또는 그 밖의 감염병 매개동물의 구제(驅除) 또
는 구제시설의 설치를 명하는 것

⑬ 일정한 장소에서의 어로(漁撈)·수영 또는 일정한 우물의 사
용을 제한하거나 금지하는 것

⑭ 감염병 매개의 중간 숙주가 되는 동물류의 포획 또는 생식을
금지하는 것

⑮ 감염병 유행기간 중 의료인·의료업자 및 그 밖에 필요한 의
료관계요원을 동원하는 것

⑯ 감염병 유행기간 중 의료기관 병상, 연수원·숙박시설 등 시
설을 동원하는 것

⑰ 감염병병원체에 오염되었거나 오염되었을 것으로 의심되는 시설
또는 장소에 대한 소독이나 그 밖에 필요한 조치를 명하는 것

⑱ 감염병의심자를 적당한 장소에 일정한 기간 입원 또는 격리
시키는 것.

보건복지부장관도 이 중에서 감염병을 예방을 위한 필
요한 조치를 할 수 있다(제49조 제1항). 특히, 외식업장 이용
시 출입명부 작성과 QR 코드 시스템의 도입 등 '접촉자
추적 조사(contacttracing)'는 감염병 확산 방지를 위한 것이
지만, 개인의 사생활(privacy) 침해와 해당 업소의 영업손실
등의 문제가 제기된다. 코로나19 상황에서 개인정보 공개
경험이 있는 외식업장 방문객을 대상으로 조사한 결과,
외식업장 방문객의 인지된 위험은 개인정보 공개 관련 태
도에 강한 부(-)의 영향력을 갖지만, 정보를 공개함으로
얻는 인지된 이익은 개인정보 공개에 대한 정(+)의 영향
관계를 갖는 것으로 나타났다.[102]

개인정보보호위원회가 코로나19관련 활동으로는 ① 확
진자 이동경로 탐지·삭제 ② 전자출입명부 개인정보 수

---

[102] 이은지·김혜민·김진영·구철모, "코로나19 상황에서 외식업
장에서의 개인정보 공개에 대한 연구 - 프라이버시 계산이론 및 제
도이론의 통합적 적용" (2021), 137~138면.

집 동의 간소화 ③ 열화상카메라 개인정보보호 수칙 발표
④ 개인정보보호 법규위반 과태료·과징금 징수유예 ⑤
코로나19 개인안심번호 도입·시행 등이다.[103]

라. 그 외의 법률에 의한 제한

그 외에도 형사소송법, 통계법, 전자정부법, 공직자윤리
법, 의료법, 도로교통법, 국민건강보험법 등 많은 법률에
서 개인정보자기결정권을 제한하는 규정을 두고 있다.

---

103) 개인정보보호위원회, 『2021 개인정보보호 연차보고서』(2021),
5면.

제2절 개인정보 보호정책

1. 개인정보 보호의 기본원칙

가. 최소 수집·이용의 원칙

개인정보처리자는 ① 개인정보의 **처리 목적**을 명확하게 하여야 하고 ② 그 목적에 **필요한 범위에서 최소한의 개인정보만을** ③ **적법하고 정당하게 수집**하여야 한다(제3조 제1항). 그리고 개인정보의 처리 목적에 필요한 범위에서 적합하게 개인정보를 처리하여야 하며, 그 목적 외의 용도로 활용하여서는 아니 된다(제3조 제2항). 그리고 정보주체의 사생활 침해를 최소화하는 방법으로 개인정보를 처리하여야 한다(제3조 제6항).

그리고 개인정보를 **익명 또는 가명**으로 처리하여도 개인정보 수집목적을 달성할 수 있는 경우 익명처리가 가능한 경우에는 익명에 의하여, 익명처리로 목적을 달성할 수 없는 경우에는 가명에 의하여 처리될 수 있도록 하여야 한다(제3조 제7항). 또한 개인정보를 소정 범위를 초과하여 이용하거나 제3자에게 제공하여서는 아니 된다(제18조 제1항).

이상을 종합하면, 개인정보처리자는 개인정보의 처리목적을 명확히 하여 그 목적에 필요한 범위 내에서 최소한의 개인정보를 수집하여야 하고, 그 목적 외의 용도로 활용하여서는 아니되며, 개인정보의 익명처리가 가능한 경우에는 익명으로 불가능한 경우에는 가명에 의하여 처리하여야 한다.

나. 사전동의의 원칙

개인정보법은 "사전동의의 원칙"을 **기본원칙**으로 명확하게 규정하지 아니하였다(제15조 제1항). 그러나 정보주체가 개인정보의 관리·통제권을 가지고, 타인이 개인정보를 수집·이용하는 것을 허용할 것인지 여부를 결정할 권한도 가지므로, 개인정보의 수집·이용을 위해서는 정보주체의 동의를 얻는 것은 필수적이다.104) 따라서 향후 이 법의 개정시 이를 명확히 규정하는 것이 바람직하다.

개인정보법은 이 원칙을 기본원칙으로 명확하게 규정하

---

104) 장주봉, "개인정보의 수집 및 이용에 관한 규제방식" (2016), 231면.

지 아니하였지만, 몇 군데 이와 관련된 규정을 두고 있다.

먼저, 개인정보처리자는 정보주체의 동의를 받은 경우에는 개인정보를 수집할 수 있으며 그 수집 목적의 범위에서 이용할 수 있다(제15조 제1항). 그리고 개인정보를 동의받은 범위를 초과하여 이용하여서는 아니 된다(제18조 제1항). 그리고 구체적인 동의를 받는 방법에 관하여도 규정하고 있다(제22조).

다. 정확성 등 보장의 원칙

개인정보처리자는 개인정보의 처리 목적에 필요한 범위에서 개인정보의 정확성, 완전성 및 최신성이 보장되도록 하여야 한다(제3조 제3항).

그러나 이 원칙의 보장은 미흡한 것으로 평가되고 있다. 개인정보의 정확성 등을 보장하기 위하여는 개인정보처리자가 수집된 개인정보의 정확성 등을 검증하고 정보주체로부터 주기적으로 변경된 개인정보의 내용을 수집하여야 하기 때문이다.105)

---

105) 장주봉, "개인정보의 수집 및 이용에 관한 규제방식"(2016), 228면.

라. 안전성 보장의 원칙

개인정보처리자는 개인정보의 처리 방법 및 종류 등에 따라 정보주체의 권리가 침해받을 가능성과 그 위험 정도를 고려하여 개인정보를 안전하게 관리하여야 한다(제3조 제4항).

마. 공개성의 원칙

개인정보처리자는 개인정보 처리방침 등 개인정보의 처리에 관한 사항을 공개하여야 한다(제3조 제5항).106) 이 원칙은 정보주체의 동의절차를 통하여 대부분 확보된다.

그러나 사전동의의 원칙에 대한 일부 수정이 이루어져 사전동의에 대한 예외가 확대된다면, 투명성확보의 원칙이 독자적인 원칙으로 중요한 의미를 가지게 된다.107)

바. 정보주체의 권리 보장의 원칙

개인정보처리자는 열람청구권 등 정보주체의 권리를 보장하여야 하며(제3조 제5항), 개인정보법 및 관계 법령에서 규

---

106) 이를 "투명성의 원칙" 이라고도 한다: 장주봉, "개인정보의 수집 및 이용에 관한 규제방식" (2016), 228~229면.

107) 장주봉, "개인정보의 수집 및 이용에 관한 규제방식" (2016), 229면.

정하고 있는 책임과 의무를 준수하고 실천함으로써 정보
주체의 신뢰를 얻기 위하여 노력하여야 한다(제3조 제8항).

2. 국가 등의 책무

가. 개인정보 보호 시책

국가와 지방자치단체는 개인정보의 목적 외 수집, 오용
· 남용 및 무분별한 감시 · 추적 등에 따른 폐해를 방지하
여 인간의 존엄과 개인의 사생활 보호를 도모하기 위한
시책을 강구하여야 한다(제5조 제1항).

그리고 정보주체의 권리를 보호하기 위하여 법령의 개
선 등 필요한 시책을 마련하여야 한다(제5조 제2항). 그리고
개인정보의 처리에 관한 불합리한 사회적 관행을 개선하
기 위하여 개인정보처리자의 자율적인 개인정보 보호활동
을 존중하고 촉진 · 지원하여야 한다(제5조 제3항).

또한 개인정보의 처리에 관한 법령 또는 조례를 제정하
거나 개정하는 경우에는 이 법의 목적에 부합되도록 하여
야 한다(제5조 제4항).

나. 국제적 개인정보 보호 시책

정부는 국제적 환경에서의 개인정보 보호 수준을 향상시키기 위하여 필요한 시책을 마련하여야 한다(제14조 제1항). 그리고 개인정보 국외 이전으로 인하여 정보주체의 권리가 침해되지 아니하도록 관련 시책을 마련하여야 한다(제14조 제2항).

3. 개인정보 보호위원회

가. 보호위원회의 설치와 운영

개인정보 보호에 관한 사무를 독립적으로 수행하기 위하여 **국무총리 소속**으로108) 개인정보 보호위원회를 둔다(제7조 제1항).

보호위원회는 상임위원 2명(위원장 1명, 부위원장 1명)을 포함한

---

108) 2020년 2월 4일 개정시, ① 대통령 소속에서 국무총리 소속으로 변경하고, ② 정부조직법에 따른 중앙행정기관으로 보도록 하며, ③ 행정안전부와 방송통신위원회의 개인정보 관련 사무를 개인정보 보호위원회로 이관하여 개인정보 보호 컨트롤타워로서의 기능을 강화하였다.

9명의 위원으로 구성한다(제7조의2 제1항). 위원의 임기는 3년
으로 하되, 한 차례만 연임할 수 있다(제7조의4 제1항).

나. 보호위원회의 소관 사무

보호위원회는 다음의 소관 사무를 수행한다(제7조의8).

① 개인정보의 보호와 관련된 법령의 개선에 관한 사항109)
② 개인정보 보호와 관련된 정책·제도·계획 수립·집행에 관
   한 사항
③ 정보주체의 권리침해에 대한 조사 및 이에 따른 처분에 관한
   사항
④ 개인정보의 처리와 관련한 고충처리·권리구제 및 개인정보
   에 관한 분쟁의 조정
⑤ 개인정보 보호를 위한 국제기구 및 외국의 개인정보 보호기
   구와의 교류·협력
⑥ 개인정보 보호에 관한 법령·정책·제도·실태 등의 조사·
   연구, 교육 및 홍보에 관한 사항
⑦ 개인정보 보호에 관한 기술개발의 지원·보급 및 전문인력의
   양성에 관한 사항
⑧ 이 법 및 다른 법령에 따라 보호위원회의 사무로 규정된 사항.

---

109) 보호위원회는 개인정보 보호에 영향을 미치는 내용이 포함된
법령이나 조례에 대하여 필요하다고 인정하면 심의·의결을 거쳐
관계 기관에 의견을 제시할 수 있다(제61조 제1항).

다. 회의의 소집과 의결

보호위원회의 회의는 위원장이 필요하다고 인정하거나 재적위원 **4분의 1 이상의 요구**가 있는 경우에 위원장이 소집한다(제7조의10 제1항). 위원장 또는 2명 이상의 위원은 보호위원회에 의안을 제의할 수 있다(제7조의10 제2항).

보호위원회의 회의는 **재적위원 과반수의 출석**으로 개의하고, **출석위원 과반수의 찬성**으로 의결한다(제7조의10 제3항).

라. 기본계획의 수립 등

보호위원회는 개인정보의 보호와 정보주체의 권익 보장을 위하여 **3년마다** 개인정보 보호 **기본계획**을 관계 중앙행정기관의 장과 협의하여 수립한다(제9조 제1항).

중앙행정기관의 장은 기본계획에 따라 **매년** 개인정보 보호를 위한 **시행계획**을 작성하여 보호위원회에 제출하고, 보호위원회의 심의·의결을 거쳐 시행하여야 한다(제10조 제1항).

보호위원회는 개인정보의 처리에 관한 기준, 개인정보 침해의 유형 및 예방조치 등에 관한 **표준 개인정보 보호 지침**을 정하여 개인정보처리자에게 그 준수를 권장할 수

있다(제12조 제1항). 중앙행정기관의 장은 표준지침에 따라 소
관 분야의 개인정보 처리와 관련한 개인정보 보호지침을
정하여 개인정보처리자에게 그 준수를 권장할 수 있다(제12
조 제2항).

그리고 국회, 법원, 헌법재판소 및 중앙선거관리위원회
는 해당 기관(그 소속 기관 포함)의 개인정보 보호지침을 정하여
시행할 수 있다(제12조 제3항).

마. 연차보고

보호위원회는 관계 기관 등으로부터 필요한 자료를 제
출받아 **매년 개인정보 보호시책의 수립 및 시행에 관한
보고서**를 작성하여 정기국회 개회 전까지 국회에 제출(정보
통신망에 의한 제출 포함)하여야 한다(제67조 제1항). 이 보고서에는 다
음의 내용이 포함되어야 한다(제67조 제2항).

① 정보주체의 권리침해 및 그 구제현황
② 개인정보 처리에 관한 실태조사 등의 결과
③ 개인정보 보호시책의 추진현황 및 실적
④ 개인정보 관련 해외의 입법 및 정책 동향
⑤ 주민등록번호 처리와 관련된 법률·대통령령·국회규칙·대
   법원규칙·헌법재판소규칙·중앙선거관리위원회규칙 및 감사
   원규칙의 제정·개정 현황
⑥ 그 밖에 개인정보 보호시책에 관하여 공개 또는 보고하여야
   할 사항.

바. 권한의 위임

이 법에 따른 보호위원회 또는 관계 중앙행정기관의 장의 권한은 그 일부를 대통령령으로 정하는 바에 따라 특별시장, 광역시장, 도지사, 특별자치도지사 또는 대통령령으로 정하는 전문기관에 **위임하거나 위탁**할 수 있다(제68조 제1항).

보호위원회 또는 관계 중앙행정기관의 장의 권한을 위임 또는 위탁받은 기관은 위임 또는 위탁받은 업무의 처리 **결과**를 보호위원회 또는 관계 중앙행정기관의 장에게 **통보**하여야 한다(제68조 제2항).

보호위원회는 전문기관에 권한의 일부를 위임하거나 위탁하는 경우 해당 전문기관의 업무 수행을 위하여 필요한 **경비를 출연**할 수 있다(제68조 제3항).

사. 벌칙 적용 시의 공무원 의제

보호위원회의 위원 중 공무원이 아닌 위원 및 공무원이 아닌 직원은 형법이나 그 밖의 법률에 따른 벌칙을 적용할 때에는 **공무원으로 본다**(제69조 제1항).

보호위원회 또는 관계 중앙행정기관의 장의 **권한을 위**

탁한 업무에 종사하는 관계 기관의 임직원은 형법 제129조부터 제132조까지의 규정을 적용할 때에는 공무원으로 본다(제69조 제2항).

제 3 장 개인정보의 처리와 관리

제1절 개인정보의 처리방법

1. 개인정보의 수집, 이용, 제공 등

가. 개인정보의 수집·이용 요건

개인정보처리자는 다음의 어느 하나에 해당하는 경우에는 **개인정보를 수집**할 수 있으며, 그 **수집 목적의 범위에서 이용**할 수 있다(제15조 제1항).

① 정보주체의 동의를 받은 경우
② 법률에 특별한 규정이 있거나 법령상 의무를 준수하기 위하여 불가피한 경우
③ 공공기관이 법령 등에서 정하는 소관 업무의 수행을 위하여 불가피한 경우
④ 정보주체와의 계약의 체결 및 이행을 위하여 불가피하게 필요한 경우
⑤ 정보주체 또는 그 법정대리인이 의사표시를 할 수 없는 상태에 있거나 주소불명 등으로 사전 동의를 받을 수 없는 경우로서 명백히 정보주체 또는 제3자의 급박한 생명, 신체, 재산의 이익을 위하여 필요하다고 인정되는 경우
⑥ 개인정보처리자의 정당한 이익을 달성하기 위하여 필요한 경우로서 명백하게 정보주체의 권리보다 우선하는 경우.110)

나. 동의를 받는 방법

일반적으로 개인정보 제공에 대한 동의를 받는 방법으로는, **명시적** 동의(opt-in) 방법과 **묵시적** 동의(opt-out) 방법이 있다.

우리법은 ① 개인정보의 수집·이용 목적 ② 수집하려는 개인정보의 항목 ③ 개인정보의 보유 및 이용 기간 ④ 동의를 거부할 권리가 있다는 사실 및 동의 거부에 따른 불이익이 있는 경우에는 그 불이익의 내용 등을 정보주체에게 알리고 동의를 받아야 하므로(제15조 제2항) **명시적 동의 원칙**과 **고지에 의한 동의 원칙**(informed consent)을 채택하고 있으며,111) 묵시적 동의는 허용하지 아니한다.112)

개인정보처리자는 ① 이 법에 따른 개인정보의 처리에 대하여 정보주체의 동의를 받을 때에는 **각각의 동의 사항을 구분하여**113) 정보주체가 이를 명확하게 인지할 수 있

---

110) 이 경우 개인정보처리자의 정당한 이익과 상당한 관련이 있고 합리적인 범위를 초과하지 아니하는 경우에 한한다.

111) 이창범, "개인정보 제3자 제공 및 처리위탁 규제의 법적 과제"(2016), 261면.

112) 김용학, 『개인정보보호법』(2022), 48면.

113) 동의를 받아야 하는 사항을 구분하여 각각 동의를 받아야 하는 것을 말하며, "개별동의의 원칙" 또는 "포괄동의 금지의 원칙"이라 한다. 이 원칙을 적용하는 경우는, 이 규정의 수집·이용

도록 알리고 각각 동의를 받아야 하며(제22조 제1항), ② 동의를 서면(전자문서 포함)으로 받을 때에는 개인정보의 수집·이용 목적, 수집·이용하려는 개인정보의 항목 등 대통령령으로 정하는 중요한 내용을 보호위원회가 고시로 정하는 방법에 따라 명확히 표시하여 알아보기 쉽게 하여야 한다(제22조 제2항).

그리고 ③ 개인정보의 처리에 대하여 정보주체의 동의를 받을 때에는 정보주체와의 계약 체결 등을 위하여 정보주체의 **동의 없이** 처리할 수 있는 개인정보와 정보주체의 **동의가 필요한** 개인정보를 구분하여야 하며,114) 이 경우 동의 없이 처리할 수 있는 개인정보라는 입증책임은 개인정보처리자가 부담한다(제22조 제3항).

그리고 ④ 정보주체에게 **재화나 서비스를 홍보하거나 판매를 권유**하기 위하여 개인정보의 처리에 대한 동의를 받으려는 때에는 정보주체가 이를 명확하게 인지할 수 있도록 알리고 동의를 받아야 한다(제22조 제4항).115)

동의 외에도 제3자 제공 동의(제17조 제1항 제1호), 국외 제3자 제공 동의(제17조 제3항), 마케팅 목적 처리 동의(제22조 제4항), 법정대리인의 동의(제22조 제6항) 등이 있다.

114) 정보주체가 선택적으로 동의할 수 있는 사항을 동의하지 아니한다는 이유로 정보주체에게 재화 또는 서비스의 제공을 거부하여서는 아니 된다(제22조 제5항).

115) 정보주체가 동의하지 아니한다는 이유로 정보주체에게 재화 또는 서비스의 제공을 거부하여서는 아니 된다(제22조 제5항).

그리고 ⑤ **만 14세 미만 아동**의 개인정보를 처리하기 위하여 이 법에 따른 동의를 받아야 할 때에는 그 **법정대리인**의 동의를 받아야 한다. 이 경우 법정대리인의 동의를 받기 위하여 필요한 최소한의 정보는 법정대리인의 동의 없이 해당 아동으로부터 직접 수집할 수 있다(제22조 제6항).

법정대리인의 동의를 받아야 할 대상을 미성년자 전체로 하지 않고 14세 미만자로 제한하였다. 이는 미성년자라 하더라도 모두 자신의 정보제공에 관하여 판단을 할 수 없거나 판단력이 미흡하다고 볼 수 없으므로, 14세 미만자로 제한한 것이다.

민법상 미성년자의 법정대리인은 ① 1차로 **친권자**116)가 되고 ② 단독 친권자로 정하여진 부모의 일방이 사망한

---

116) 제909조(친권자) ① 부모는 미성년인 자의 친권자가 된다. 양자의 경우에는 양부모(養父母)가 친권자가 된다. ② 친권은 부모가 혼인중인 때에는 부모가 공동으로 이를 행사한다. 그러나 부모의 의견이 일치하지 아니하는 경우에는 당사자의 청구에 의하여 가정법원이 이를 정한다. ③ 부모의 일방이 친권을 행사할 수 없을 때에는 다른 일방이 이를 행사한다. ④ 혼인외의 자가 인지된 경우와 부모가 이혼하는 경우에는 부모의 협의로 친권자를 정하여야 하고, 협의할 수 없거나 협의가 이루어지지 아니하는 경우에는 가정법원은 직권으로 또는 당사자의 청구에 따라 친권자를 지정하여야 한다. 다만, 부모의 협의가 자(子)의 복리에 반하는 경우에는 가정법원은 보정을 명하거나 직권으로 친권자를 정한다. ⑤ 가정법원은 혼인의 취소, 재판상 이혼 또는 인지청구의 소의 경우에는 직권으로 친권자를 정한다. ⑥ 가정법원은 자의 복리를 위하여 필요하다고 인정되는 경우에는 자의 4촌 이내의 친족의 청구에 의하여 정하여진 친권자를 다른 일방으로 변경할 수 있다.

경우 등에는 가정법원에 생존하는 부 또는 모를 친권자로
지정할 것을 청구할 수 있다.117) ③ 친권자가 없거나 친

---

117) 제909조의2(친권자의 지정 등) ① 제909조 제4항부터 제6항까지의 규정에 따라 단독 친권자로 정하여진 부모의 일방이 사망한 경우 생존하는 부 또는 모, 미성년자, 미성년자의 친족은 그 사실을 안 날부터 1개월, 사망한 날부터 6개월 내에 가정법원에 생존하는 부 또는 모를 친권자로 지정할 것을 청구할 수 있다. ② 입양이 취소되거나 파양된 경우 또는 양부모가 모두 사망한 경우 친생부모 일방 또는 쌍방, 미성년자, 미성년자의 친족은 그 사실을 안 날부터 1개월, 입양이 취소되거나 파양된 날 또는 양부모가 모두 사망한 날부터 6개월 내에 가정법원에 친생부모 일방 또는 쌍방을 친권자로 지정할 것을 청구할 수 있다. 다만, 친양자의 양부모가 사망한 경우에는 그러하지 아니하다. ③ 제1항 또는 제2항의 기간 내에 친권자 지정의 청구가 없을 때에는 가정법원은 직권으로 또는 미성년자, 미성년자의 친족, 이해관계인, 검사, 지방자치단체의 장의 청구에 의하여 미성년후견인을 선임할 수 있다. 이 경우 생존하는 부 또는 모, 친생부모 일방 또는 쌍방의 소재를 모르거나 그가 정당한 사유 없이 소환에 응하지 아니하는 경우를 제외하고 그에게 의견을 진술할 기회를 주어야 한다. ④ 가정법원은 제1항 또는 제2항에 따른 친권자 지정 청구나 제3항에 따른 후견인 선임 청구가 생존하는 부 또는 모, 친생부모 일방 또는 쌍방의 양육의사 및 양육능력, 청구 동기, 미성년자의 의사, 그 밖의 사정을 고려하여 미성년자의 복리를 위하여 적절하지 아니하다고 인정하면 청구를 기각할 수 있다. 이 경우 가정법원은 직권으로 미성년후견인을 선임하거나 생존하는 부 또는 모, 친생부모 일방 또는 쌍방을 친권자로 지정하여야 한다. ⑤ 가정법원은 다음 각 호의 어느 하나에 해당하는 경우에 직권으로 또는 미성년자, 미성년자의 친족, 이해관계인, 검사, 지방자치단체의 장의 청구에 의하여 제1항부터 제4항까지의 규정에 따라 친권자가 지정되거나 미성년후견인이 선임될 때까지 그 임무를 대행할 사람을 선임할 수 있다. 이 경우 그 임무를 대행할 사람에 대하여는 제25조 및 제954조를 준용한다. 1. 단독 친권자가 사망한 경우 2. 입양이 취소되거나 파양된 경우 3. 양부모가 모두 사망한 경우 ⑥ 가정법원은 제3항 또는 제4항에 따라 미성년후견인이 선임된 경우라도 친

권자가 법률행위의 대리권과 재산관리권을 행사할 수 없는 경우에는 **미성년후견인**118)이 된다. 그리고 미성년후견인에는 지정후견인119)과 선임후견인120)이 있다.121)

미성년후견인 선임 후 양육상황이나 양육능력의 변동, 미성년자의 의사, 그 밖의 사정을 고려하여 미성년자의 복리를 위하여 필요하면 생존하는 부 또는 모, 친생부모 일방 또는 쌍방, 미성년자의 청구에 의하여 후견을 종료하고 생존하는 부 또는 모, 친생부모 일방 또는 쌍방을 친권자로 지정할 수 있다.

118) 제928조(미성년자에 대한 후견의 개시) 미성년자에게 친권자가 없거나 친권자가 제924조, 제924조의2, 제925조 또는 제927조 제1항에 따라 친권의 전부 또는 일부를 행사할 수 없는 경우에는 미성년후견인을 두어야 한다.

119) 제931조(유언에 의한 미성년후견인의 지정 등) ① 미성년자에게 친권을 행사하는 부모는 유언으로 미성년후견인을 지정할 수 있다. 다만, 법률행위의 대리권과 재산관리권이 없는 친권자는 그러하지 아니하다. ② 가정법원은 제1항에 따라 미성년후견인이 지정된 경우라도 미성년자의 복리를 위하여 필요하면 생존하는 부 또는 모, 미성년자의 청구에 의하여 후견을 종료하고 생존하는 부 또는 모를 친권자로 지정할 수 있다.
제932조(미성년후견인의 선임) ① 가정법원은 제931조에 따라 지정된 미성년후견인이 없는 경우에는 직권으로 또는 미성년자, 친족, 이해관계인, 검사, 지방자치단체의 장의 청구에 의하여 미성년후견인을 선임한다. 미성년후견인이 없게 된 경우에도 또한 같다. ② 가정법원은 제924조, 제924조의2 및 제925조에 따른 친권의 상실, 일시 정지, 일부 제한의 선고 또는 법률행위의 대리권이나 재산관리권 상실의 선고에 따라 미성년후견인을 선임할 필요가 있는 경우에는 직권으로 미성년후견인을 선임한다. ③ 친권자가 대리권 및 재산관리권을 사퇴한 경우에는 지체 없이 가정법원에 미성년후견인의 선임을 청구하여야 한다.

120) 제932조(미성년후견인의 선임) ① 가정법원은 제931조에 따라 지정된 미성년후견인이 없는 경우에는 직권으로 또는 미성년자, 친

그리고 개인정보처리자는 당초 수집 목적과 합리적으로 관련된 범위에서 정보주체에게 불이익이 발생하는지 여부, 암호화 등 안전성 확보에 필요한 조치를 하였는지 여부 등을 고려하여 대통령령으로 정하는 바에 따라 정보주체의 동의 없이 개인정보를 이용할 수 있다(제15조 제3항).

다. 개인정보의 수집 제한

개인정보처리자는 위 요건을 충족하여 개인정보를 수집하는 경우에는 그 목적에 필요한 최소한의 개인정보를 수집하여야 하며, 이 경우 최소한의 개인정보 수집이라는 입증책임은 개인정보처리자가 부담한다(제16조 제1항).

그리고 정보주체의 동의를 받아 개인정보를 수집하는 경우 필요한 최소한의 정보 외의 개인정보 수집에는 동의하지 아니할 수 있다는 사실을 구체적으로 알리고 개인정보를 수집하여야 한다(제16조 제2항). 그리고 정보주체가 필요

족, 이해관계인, 검사, 지방자치단체의 장의 청구에 의하여 미성년후견인을 선임한다. 미성년후견인이 없게 된 경우에도 또한 같다. ② 가정법원은 제924조, 제924조의2 및 제925조에 따른 친권의 상실, 일시 정지, 일부 제한의 선고 또는 법률행위의 대리권이나 재산관리권 상실의 선고에 따라 미성년후견인을 선임할 필요가 있는 경우에는 직권으로 미성년후견인을 선임한다. ③ 친권자가 대리권 및 재산관리권을 사퇴한 경우에는 지체 없이 가정법원에 미성년후견인의 선임을 청구하여야 한다.

121) 송덕수, 『민법강의』(2022), 83면.

한 최소한의 정보 외의 개인정보 수집에 동의하지 아니한
다는 이유로 정보주체에게 재화 또는 서비스의 제공을 거
부하여서는 아니 된다(제16조 제3항).

라. 개인정보의 제3자에 대한 제공 요건

개인정보처리자는 다음의 어느 하나에 해당되는 경우에
는 정보주체의 개인정보를 **제3자에게 제공**(공유 포함)**할 수
있다**(제17조 제1항).

① 정보주체의 동의를 받은 경우
② 개인정보를 수집한 목적 범위에서 개인정보를 제공하는 경우.

이와 관련된 판례를 보면, 개인정보 보호법 제17조 제1
항에서 말하는 개인정보의 '제3자 제공'은 본래의 개인
정보 수집·이용 목적의 범위를 넘어 정보를 제공받는 자
의 업무처리와 이익을 위하여 개인정보가 이전되는 경우
인 반면, 개인정보 보호법 제26조에서 말하는 개인정보의
'처리위탁'은 본래의 개인정보 수집·이용 목적과 관련
된 위탁자 본인의 업무 처리와 이익을 위하여 개인정보가
이전되는 경우를 의미한다. 개인정보 처리위탁에 있어 수
탁자는 위탁자로부터 위탁사무 처리에 따른 대가를 지급
받는 것 외에는 개인정보 처리에 관하여 독자적인 이익을
가지지 않고, 정보제공자의 관리·감독 아래 위탁받은 범

위 내에서만 개인정보를 처리하게 되므로, 개인정보 보호법 제17조에 정한 '제3자'에 해당하지 않는다.

한편 어떠한 행위가 **개인정보의 제공**인지 아니면 **처리위탁**인지는 개인정보의 취득 목적과 방법, 대가 수수 여부, 수탁자에 대한 실질적인 관리·감독 여부, 정보주체 또는 이용자의 개인정보 보호 필요성에 미치는 영향 및 이러한 개인정보를 이용할 필요가 있는 자가 실질적으로 누구인지 등을 종합하여 판단하여야 한다.[122)]

마. 정보주체에 대한 고지의무

개인정보처리자는 개인정보의 **수집에 관한 동의**(제15조 제1항)를 받을 때에는 다음의 사항을 정보주체에게 알려야 하며, 다음의 어느 하나의 사항을 변경하는 경우에도 이를 알리고 동의를 받아야 한다(제15조 제2항).

① 개인정보의 수집·이용 목적
② 수집하려는 개인정보의 항목
③ 개인정보의 보유 및 이용 기간
④ 동의를 거부할 권리가 있다는 사실 및 동의 거부에 따른 불이익이 있는 경우에는 그 불이익의 내용.

---

122) 대법원 2017. 4. 7. 선고 2016도13263 판결.

개인정보처리자는 개인정보의 **제3자 제공에 대한 동의**
(제17조 제항)를 받을 때에는 다음의 사항을 정보주체에게 알
려야 하며, 다음의 어느 하나의 사항을 변경하는 경우에
도 이를 알리고 동의를 받아야 한다(제17조 제2항).

① 개인정보를 제공받는 자
② 개인정보를 제공받는 자의 개인정보 이용 목적
③ 제공하는 개인정보의 항목
④ 개인정보를 제공받는 자의 개인정보 보유 및 이용 기간
⑤ 동의를 거부할 권리가 있다는 사실 및 동의 거부에 따른 불
이익이 있는 경우에는 그 불이익의 내용.

개인정보처리자가 개인정보를 국외의 제3자에게 제공할
때에도 위 다섯가지 사항을 정보주체에게 알리고 동의를
받아야 하며, 이 법을 위반하는 내용으로 개인정보의 국
외 이전에 관한 계약을 체결하여서는 아니 된다(제17조 제3항).

여기서 "국외 이전"은 "국외 제3자 제공"과는 다른
개념이다. 후자는 제공받는 자의 목적과 이익을 위하여
개인정보에 대한 지배·관리권을 국외의 제3자에게 넘기
는 것이지만, 전자는 개인정보의 물리적인 위치가 국내에
서 국외로 옮겨지는 모든 경우를 말한다.[123]

---

123) 이창범, "개인정보 제3자 제공 및 처리위탁 규제의 법적 과
제" (2016), 277면.

여기서 문제되는 것은 정당하게 정보주체의 동의없이 수집한 개인정보(제15조 제1항 제2,3,5호)를 그 수집한 목적범위내에서 국외의 제3자에게 제공할 경우에도 역시 정보주체의 동의를 받아야 하는지 여부가 문제되는데, 이에 관하여 학설은 고지 및 동의 획득 의무가 면제된다고 본다.124)

개인정보처리자는 당초 수집 목적과 합리적으로 관련된 범위에서 정보주체에게 불이익이 발생하는지 여부, 암호화 등 안전성 확보에 필요한 조치를 하였는지 여부 등을 고려하여 대통령령으로 정하는 바에 따라 정보주체의 **동의 없이 개인정보를 제공**할 수 있다(제17조 제4항).

개인정보처리자는 **목적 외 용도로 이용하거나 제3자에 제공할 동의**(제18조 제2항 제1호)를 받을 때에는 다음 의 사항을 정보주체에게 알려야 하며, 다음의 어느 하나의 사항을 변경하는 경우에도 이를 알리고 동의를 받아야 한다(제18조 제3항).

① 개인정보를 제공받는 자
② 개인정보의 이용 목적(제공 시에는 제공받는 자의 이용 목적을 말한다)
③ 이용 또는 제공하는 개인정보의 항목
④ 개인정보의 보유 및 이용 기간(제공 시에는 제공받는 자의 보유 및 이용 기간을 말한다)
⑤ 동의를 거부할 권리가 있다는 사실 및 동의 거부에 따른 불

---

124) 구태언, "개인정보의 국외이전의 국내법상 규제체계 및 실무현안" (2016), 506면.

이익이 있는 경우에는 그 불이익의 내용.

바. 목적 외 이용·제공 제한

개인정보처리자는 개인정보를 소정범위(제15조 제1항 및 제39조의3 제1항 및 제2항)를 초과하여 이용하거나 소정범위(제17조 제1항 및 제3항)를 초과하여 제3자에게 제공하여서는 아니 된다(제18조 제1항).

그러나 여기에는 예외가 있다. 즉, 개인정보처리자는 다음 의 어느 하나에 해당하는 경우에는 정보주체 또는 제3자의 이익을 부당하게 침해할 우려가 있을 때를 제외하고는 개인정보를 **목적 외의 용도로 이용하거나 이를 제3자에게 제공**할 수 있다(제18조 제2항).[125]

① 정보주체로부터 별도의 동의를 받은 경우
② 다른 법률에 특별한 규정이 있는 경우
③ 정보주체 또는 그 법정대리인이 의사표시를 할 수 없는 상태에 있거나 주소불명 등으로 사전 동의를 받을 수 없는 경우로서 명백히 정보주체 또는 제3자의 급박한 생명, 신체, 재산의 이익을 위하여 필요하다고 인정되는 경우
④ 삭제 <2020. 2. 4.>
⑤ 개인정보를 목적 외의 용도로 이용하거나 이를 제3자에게 제

---

125) 다만, 이용자(정보통신망법 제2조 제1항 제4호에 해당하는 자를 말한다.)의 개인정보를 처리하는 정보통신서비스 제공자(정보통신망법 제2조 제1항 제3호에 해당하는 자를 말한다.)의 경우 ①과 ②에 한정하고, ⑤부터 ⑨까지는 공공기관의 경우로 한정한다.

공하지 아니하면 다른 법률에서 정하는 소관 업무를 수행할 수 없는 경우로서 보호위원회의 심의·의결을 거친 경우

⑥ 조약, 그 밖의 국제협정의 이행을 위하여 외국정부 또는 국제 기구에 제공하기 위하여 필요한 경우

⑦ 범죄의 수사와 공소의 제기 및 유지를 위하여 필요한 경우

⑧ 법원의 재판업무 수행을 위하여 필요한 경우

⑨ 형(刑) 및 감호, 보호처분의 집행을 위하여 필요한 경우.

위 ②와 관련된 판례를 보면, 개인정보 보호법 제18조 제2항 제2호에 따르면 개인정보처리자는 '다른 법률에 특별한 규정이 있는 경우'에는 개인정보를 목적 외의 용도로 이용하거나 이를 제3자에게 제공할 수 있고, 민사소송법 제344조 제2항은 각 호에서 규정하고 있는 문서제출 거부사유에 해당하지 아니하는 경우 문서소지인에게 문서 제출의무를 부과하고 있으므로, 임직원의 급여 및 상여금 내역 등이 개인정보 보호법상 개인정보에 해당하더라도 이를 이유로 문서소지인이 문서의 제출을 거부할 수 있는 것은 아니다.

민사소송법 제344조 제2항 제1호, 제1항 제3호 (다)목, 제315조 제1항 제2호는 문서를 가지고 있는 사람은 제344조 제1항에 해당하지 아니하는 경우에도 원칙적으로 문서의 제출을 거부하지 못한다고 규정하면서 예외사유로서 기술 또는 직업의 비밀에 속하는 사항이 적혀 있고 비밀을 지킬 의무가 면제되지 아니한 문서를 들고 있다.

여기에서 '직업의 비밀'은 그 사항이 공개되면 직업
에 심각한 영향을 미치고 이후 직업의 수행이 어려운 경
우를 가리키는데, 어느 정보가 직업의 비밀에 해당하는
경우에도 문서 소지자는 비밀이 보호가치 있는 비밀일 경
우에만 문서의 제출을 거부할 수 있다. 나아가 어느 정보
가 보호가치 있는 비밀인지를 판단할 때에는 정보의 내용
과 성격, 정보가 공개됨으로써 문서 소지자에게 미치는
불이익의 내용과 정도, 민사사건의 내용과 성격, 민사사건
의 증거로 문서를 필요로 하는 정도 또는 대체할 수 있는
증거의 존부 등 제반 사정을 종합하여 비밀의 공개로 발
생하는 불이익과 이로 인하여 달성되는 실체적 진실 발견
및 재판의 공정을 비교형량하여야 한다.[126]

그리고 위 ㉠과 관련된 판례를 보면, 검사가 A 주식회
사로부터 임의제출 받은 28,765,148건에 달하는 대량의 트
위터 정보에는 개인정보와 이에 해당하지 않는 정보가 혼
재되어 있을 수 있는데, 국민의 사생활의 비밀을 보호하고
개인정보에 관한 권리를 보장하고자 하는 개인정보 보호법
의 입법 취지에 비추어 그 정보의 제공에는 개인정보 보호
법의 개인정보에 관한 규정이 적용되어야 하므로, 개인정보
보호법 제18조 제2항 제7호, 제2조 제6호에 따라 **공공기관
에 해당하지 아니하는 A 주식회사가 수사기관에 그러한 트**

---

126) 대법원 2016. 7. 1.자 2014마2239 결정.

위터 정보를 임의로 제출한 것은 위법하여 그 증거능력이 없으나, 이를 기초로 취득한 증거는 제반 사정에 비추어 증거능력이 있다.[127]

바. 개인정보를 제공받은 자의 이용·제공 제한

개인정보처리자로부터 개인정보를 제공받은 자는 개인정보를 **제공받은 목적 외의 용도**로 이용하거나 이를 제3자에게 제공하여서는 아니 된다.

그러나 다음의 어느 하나에 해당하는 경우에는 예외적으로 허용된다(제19조).

① 정보주체로부터 별도의 동의를 받은 경우
② 다른 법률에 특별한 규정이 있는 경우.

사. 정보주체 이외로부터 수집한 개인정보의 수집 출처 등 고지

개인정보처리자가 **정보주체 이외로부터 수집한 개인정보**를 처리하는 때에는 정보주체의 요구가 있으면 즉시 다음의 모든 사항을 정보주체에게 알려야 한다(제20조 제1항).

---

127) 대법원 2015. 7. 16. 선고 2015도2625 전원합의체 판결.

① 개인정보의 수집 출처
② 개인정보의 처리 목적
③ 개인정보 처리의 정지를 요구할 권리가 있다는 사실.

아. 개인정보의 파기

개인정보처리자는 보유기간의 경과, 개인정보의 처리 목적 달성 등 그 개인정보가 **불필요하게 되었을 때**에는, 다른 법령에 따라 보존하여야 하는 경우를 제외하고,128) 지체 없이 그 개인정보를 파기하여야 한다(제21조 제1항). 개인정보를 파기할 때에는 복구 또는 재생되지 아니하도록 조치하여야 한다(제21조 제2항).

2. 개인정보의 처리 제한

가. 민감정보의 처리 제한

개인정보처리자는 사상 · 신념, 노동조합 · 정당의 가입 · 탈퇴, 정치적 견해, 건강, 성생활 등에 관한 정보, 그 밖에 정보주체의 **사생활을 현저히 침해할 우려가 있는 개인**

---

128) 이 경우에는 해당 개인정보 또는 개인정보파일을 다른 개인정보와 분리하여서 저장 · 관리하여야 한다(제21조 제3항).

정보로서 대통령령으로 정하는 정보(민감정보)를 처리하여서는 아니 된다(제23조 제1항 본문).

　그러나 다음의 경우에는 예외적으로 허용되지만(제23조 제1항 단서), 이 경우에는 그 민감정보가 분실·도난·유출·위조·변조 또는 훼손되지 아니하도록 제29조에 따른 안전성 확보에 필요한 조치를 하여야 한다(제23조 제2항).

① 정보주체에게 알리고 다른 개인정보의 처리에 대한 동의와 별도로 동의를 받은 경우
② 법령에서 민감정보의 처리를 요구하거나 허용하는 경우.

　이에 관한 판례를 보면, 개인정보보호법은 개인정보의 누설이나 권한 없는 처리 또는 타인의 이용에 제공하는 등 부당한 목적으로 사용한 행위를 처벌하도록 규정하고 있다(제23조 제2항, 제11조). 여기에서 '누설'이라 함은 아직 이를 알지 못하는 타인에게 알려주는 일체의 행위를 말하고, 처벌하는 개인정보의 '처리'는 컴퓨터·폐쇄회로텔레비전 등 정보의 처리 또는 송·수신 기능을 가진 장치를 사용하여 정보를 입력·저장·편집·검색·삭제 또는 는 출력하거나 기타 이와 유사한 행위를 가리키고 문서 또는 도면의 내용을 전기통신의 방법으로 전달하기만 하는 등의 단순업무처리를 위한 행위는 제외되며, 한편 개인정보의 정보주체로부터 자신에 관한 개인정보의 취급을 위임받아 관련 사무를 수행하는 대리인은 위 조항에 의하

여 처벌되는 누설이나 개인정보 이용 제공의 상대방인 '타인'에 해당하지 아니한다.

근로복지공단의 자료 제공행위는 각 자료에 포함된 개인정보의 정보주체로부터 적법한 위임을 받은 노무법인에 대한 것이라는 점 등의 이유로 개인정보를 부당한 목적으로 사용한 경우에 해당하지 않아 범죄가 되지 아니한다.[129]

나. 고유식별정보의 처리 제한

개인정보처리자는 법령에 따라 **개인을 고유하게 구별하기 위하여 부여된 식별정보**로서 대통령령으로 정하는 정보(고유식별정보)를 처리할 수 없다. 그러나 다음의 경우에는 예외적으로 허용된다(제24조 제1항).[130]

① 정보주체에게 알리고 다른 개인정보의 처리에 대한 동의와 별도로 동의를 받은 경우
② 법령에서 구체적으로 고유식별정보의 처리를 요구하거나 허용하는 경우.

---

129) 대법원 2015. 7. 9. 선고 2013도13070 판결.

130) 이 경우에는 그 고유식별정보가 분실·도난·유출·위조·변조 또는 훼손되지 아니하도록 대통령령으로 정하는 바에 따라 암호화 등 안전성 확보에 필요한 조치를 하여야 한다(제24조 제3항).

다. 주민등록번호 처리의 제한

개인정보처리자는 고유식별정보를 예외적으로 처리할 수 있는 경우(제24조 제1항)에도 **주민등록번호**를 처리할 수 없다. 그러나 다음의 경우에는 예외적으로 허용된다(제24조의2 제1항).131)

① 법률·대통령령·국회규칙·대법원규칙·헌법재판소규칙·중앙선거관리위원회규칙 및 감사원규칙에서 구체적으로 주민등록번호의 처리를 요구하거나 허용한 경우
② 정보주체 또는 제3자의 급박한 생명, 신체, 재산의 이익을 위하여 명백히 필요하다고 인정되는 경우
③ 위 ① 및 ②에 준하여 주민등록번호 처리가 불가피한 경우로서 보호위원회가 고시로 정하는 경우.

라. 영상정보처리기기의 설치·운영 제한

누구든지 **다음의 경우를 제외하고는** 공개된 장소에 영상정보처리기기를 설치·운영하여서는 아니 된다(제25조 제1항).

---

131) 이 경우 개인정보처리자는 주민등록번호가 분실·도난·유출·위조·변조 또는 훼손되지 아니하도록 암호화 조치를 통하여 안전하게 보관하여야 하고(제24조의2 제2항), 주민등록번호를 처리하는 경우에도 정보주체가 인터넷 홈페이지를 통하여 회원으로 가입하는 단계에서는 주민등록번호를 사용하지 아니하고도 회원으로 가입할 수 있는 방법을 제공하여야 한다(제24조의2 제3항).

① 법령에서 구체적으로 허용하고 있는 경우
② 범죄의 예방 및 수사를 위하여 필요한 경우
③ 시설안전 및 화재 예방을 위하여 필요한 경우
④ 교통단속을 위하여 필요한 경우
⑤ 교통정보의 수집·분석 및 제공을 위하여 필요한 경우.

누구든지 불특정 다수가 이용하는 목욕실, 화장실, 발한실(發汗室), 탈의실 등 개인의 사생활을 현저히 침해할 우려가 있는 장소의 내부를 볼 수 있도록 영상정보처리기기를 설치·운영하여서는 아니 된다(제25조 제2항 본문).

그러나 교도소, 정신보건 시설 등 법령에 근거하여 사람을 구금하거나 보호하는 시설로서 대통령령으로 정하는 시설에 대하여는 그러하지 아니하다(제25조 제2항 단서).

영상정보처리기기를 설치·운영하려는 공공기관의 장과 제2항 단서에 따라 영상정보처리기기를 설치·운영하려는 자는 공청회·설명회의 개최 등 대통령령으로 정하는 절차를 거쳐 관계 전문가 및 이해관계인의 의견을 수렴하여야 한다(제25조 제3항).

영상정보처리기기를 설치·운영하는 자(영상정보처리기기운영자)는 정보주체가 쉽게 인식할 수 있도록 다음의 사항이 포함된 안내판을 설치하는 등 필요한 조치를 하여야 한다(제25조 제4항 본문).[132]

---

132) 「군사기지 및 군사시설 보호법」 제2조 제2호에 따른 군사시설,

① 설치 목적 및 장소
② 촬영 범위 및 시간
③ 관리책임자 성명 및 연락처
④ 그 밖에 대통령령으로 정하는 사항.

　　그리고 영상정보처리기기의 설치 목적과 다른 목적으로
영상정보처리기기를 임의로 조작하거나 다른 곳을 비춰서
는 아니 되며, 녹음기능은 사용할 수 없다(제25조 제5항).

　　그리고 개인정보가 분실·도난·유출·위조·변조 또는
훼손되지 아니하도록 안전성 확보에 필요한 조치를 하여
야 한다(제25조 제6항). 또한 대통령령으로 정하는 바에 따라
영상정보처리기기 운영·관리 방침을 마련하여야 하며,
이 경우 제30조에 따른 개인정보 처리방침을 정하지 아니
할 수 있다(제25조 제7항).

　　그리고 영상정보처리기기의 설치·운영에 관한 사무를
위탁할 수 있지만, 공공기관이 영상정보처리기기 설치·
운영에 관한 사무를 위탁하는 경우에는 대통령령으로 정
하는 절차 및 요건에 따라야 한다(제25조 제8항).

통합방위법 제2조 제13호에 따른 국가중요시설, 그 밖에 대통령령으
로 정하는 시설은 제외된다(제25조 제4항 단서).

마. 업무위탁에 따른 개인정보의 처리 제한

개인정보처리자가 제3자에게 개인정보의 처리 업무를 위탁하는 경우에는 다음의 내용이 포함된 문서에 의하여야 한다(제26조 제1항).

① 위탁업무 수행 목적 외 개인정보의 처리 금지에 관한 사항
② 개인정보의 기술적·관리적 보호조치에 관한 사항
③ 그 밖에 개인정보의 안전한 관리를 위하여 대통령령으로 정한 사항.

개인정보의 처리 업무를 위탁하는 개인정보처리자(위탁자)는 위탁하는 업무의 내용과 개인정보 처리 업무를 위탁받아 처리하는 자(수탁자)를 정보주체가 언제든지 쉽게 확인할 수 있도록 대통령령으로 정하는 방법에 따라 공개하여야 한다(제26조 제2항).

위탁자가 재화 또는 서비스를 홍보하거나 판매를 권유하는 업무를 위탁하는 경우에는 대통령령으로 정하는 방법에 따라 위탁하는 업무의 내용과 수탁자를 정보주체에게 알려야 하며, 위탁하는 업무의 내용이나 수탁자가 변경된 경우에도 또한 같다(제26조 제3항). 그리고 업무 위탁으로 인하여 정보주체의 개인정보가 분실·도난·유출·위조·변조 또는 훼손되지 아니하도록 수탁자를 교육하고,

처리 현황 점검 등 대통령령으로 정하는 바에 따라 수탁자가 개인정보를 안전하게 처리하는지를 감독하여야 한다(제26조 제4항).

수탁자는 개인정보처리자로부터 위탁받은 해당 업무 범위를 초과하여 개인정보를 이용하거나 제3자에게 제공하여서는 아니 된다(제26조 제5항). 수탁자가 위탁받은 업무와 관련하여 개인정보를 처리하는 과정에서 이 법을 위반하여 발생한 손해배상책임에 대하여는 수탁자를 개인정보처리자의 소속 직원으로 본다(제26조 제6항).

바. 영업양도 등에 따른 개인정보의 이전 제한

개인정보처리자는 영업의 전부 또는 일부의 양도·합병 등으로 개인정보를 다른 사람에게 이전하는 경우에는 미리 다음 각 호의 사항을 대통령령으로 정하는 방법에 따라 해당 정보주체에게 알려야 한다(제27조 제1항).

① 개인정보를 이전하려는 사실
② 개인정보를 이전받는 자(영업양수자등)의 성명(법인의 경우에는 법인의 명칭), 주소, 전화번호 및 그 밖의 연락처
③ 정보주체가 개인정보의 이전을 원하지 아니하는 경우 조치할 수 있는 방법 및 절차.

영업양수자등은 개인정보를 이전받았을 때에는 지체 없이 그 사실을 대통령령으로 정하는 방법에 따라 정보주체에게 알려야 한다(제27조 제2항 본문). 그러나, 개인정보처리자가 그 이전 사실을 이미 알린 경우에는 그러하지 아니하다(제27조 제2항 단서).

영업양수자등은 영업의 양도·합병 등으로 개인정보를 이전받은 경우에는 이전 당시의 본래 목적으로만 개인정보를 이용하거나 제3자에게 제공할 수 있으며, 이 경우 영업양수자등은 개인정보처리자로 본다(제27조 제3항).

사. 개인정보의 안전한 처리를 위한 조치

개인정보처리자는 개인정보를 처리함에 있어서 개인정보가 **안전하게 관리**될 수 있도록 임직원, 파견근로자, 시간제근로자 등 개인정보처리자의 지휘·감독을 받아 개인정보를 처리하는 자(개인정보취급자)에 대하여 **적절한 관리·감독**을 행하여야 한다(제28조 제1항).

그리고 개인정보처리자는 개인정보의 적정한 취급을 보장하기 위하여 개인정보취급자에게 **정기적으로 필요한 교육**을 실시하여야 한다(제28조 제2항).

보호위원회는 개인정보 보호를 위하여 필요하다고 인정하면 개인정보처리자에게 개인정보 처리 실태의 개선을 권고할 수 있으며, 이 경우 권고를 받은 개인정보처리자는 이를 이행하기 위하여 성실하게 노력하여야 하며, 그 조치 결과를 보호위원회에 알려야 한다(제61조 제2항).

그리고 **관계 중앙행정기관의 장**은 개인정보 보호를 위하여 필요하다고 인정하면 소관 법률에 따라 개인정보처리자에게 개인정보 처리 실태의 개선을 권고할 수 있으며, 이 경우 권고를 받은 개인정보처리자는 이를 이행하기 위하여 성실하게 노력하여야 하며, 그 조치 결과를 관계 중앙행정기관의 장에게 알려야 한다(제61조 제3항).

또한 **중앙행정기관, 지방자치단체, 국회, 법원, 헌법재판소, 중앙선거관리위원회**는 그 소속 기관 및 소관 공공기관에 대하여 개인정보 보호에 관한 의견을 제시하거나 지도·점검을 할 수 있다(제61조 제4항).

3. 가명정보의 처리 방법

가. 가명정보 처리의 필요성

빅데이터 산업의 발전을 위해서는 개인정보에 대한 통지와 동의요건의 완화가 필요하였고,[133] 이를 위하여 GDPR은 2020년 정보주체의 동의 없이 공익 목적으로 가

명정보를 이용할 수 있도록 하였고, 우리의 개인정보법도
이를 반영하여 2020년 2월 4일 개정하였다.

나. 가명정보의 처리 요건

개인정보처리자는 통계작성, 과학적 연구, 공익적 기록
보존 등을 위하여 **정보주체의 동의 없이** 가명정보를 처리
할 수 있다(제28조의2 제1항).

그리고 개인정보처리자는 가명정보를 제3자에게 제공하
는 경우에는 특정 개인을 알아보기 위하여 사용될 수 있
는 정보를 포함해서는 아니 된다(제28조의2 제2항).

다. 가명정보의 결합 제한

개인정보처리자가 위 요건을 충족하면 가명정보를 처리
할 수 있지만, 통계작성, 과학적 연구, 공익적 기록보존
등을 위한 **서로 다른 개인정보처리자 간의 가명정보의 결
합**은 보호위원회 또는 관계 중앙행정기관의 장이 지정하
는 전문기관이 수행한다(제28조의3 제1항).

결합을 수행한 기관 외부로 결합된 정보를 반출하려는

---

133) 이대희, "빅데이터와 개인정보 보호 – 통지와 동의의 원칙을
중심으로 – " (2015), 150~153면; 이대희, "개인정보 보호 및 활용
방안으로서의 가명·비식별정보 개념의 연구" (2017), 245~249면.

개인정보처리자는 가명정보 또는 제58조의2에 해당하는 정보로 처리한 뒤 전문기관의 장의 승인을 받아야 한다(제28조의3 제2항).

라. 가명정보에 대한 안전조치의무 등

개인정보처리자는 가명정보를 처리하는 경우에는 원래의 상태로 복원하기 위한 추가 정보를 별도로 분리하여 보관·관리하는 등 해당 정보가 분실·도난·유출·위조·변조 또는 훼손되지 않도록 대통령령으로 정하는 바에 따라 **안전성 확보에 필요한 기술적·관리적 및 물리적 조치**를 하여야 한다(제28조의4 제1항).

개인정보처리자는 가명정보를 처리하고자 하는 경우에는 가명정보의 처리 목적, 제3자 제공 시 제공받는 자 등 가명정보의 처리 내용을 관리하기 위하여 대통령령으로 정하는 사항에 대한 **관련 기록을 작성하여 보관**하여야 한다(제28조의4 제2항).

마. 가명정보 처리 시 금지의무 등

누구든지 **특정 개인을 알아보기 위한 목적**으로 가명정보를 처리해서는 아니 된다(제28조의5 제1항).

개인정보처리자는 가명정보를 처리하는 과정에서 **특정 개인을 알아볼 수 있는 정보**가 생성된 경우에는 즉시 해당 정보의 처리를 중지하고, 지체 없이 회수·파기하여야 한다(제28조의5 제2항).

4. 개인정보처리자의 금지행위

개인정보를 처리하거나 처리하였던 자는 다음호의 어느 하나에 해당하는 행위를 하여서는 아니 된다(제59조).

① 거짓이나 그 밖의 부정한 수단이나 방법으로 개인정보를 취득하거나 처리에 관한 동의를 받는 행위
② 업무상 알게 된 개인정보를 누설하거나 권한 없이 다른 사람이 이용하도록 제공하는 행위
③ 정당한 권한 없이 또는 허용된 권한을 초과하여 다른 사람의 개인정보를 훼손, 멸실, 변경, 위조 또는 유출하는 행위.

5. 적용제외 정보

다음의 어느 하나에 해당하는 개인정보에 관하여는 이상의 "제1절 처리방법"에 관한 규정(법 제3장)을 적용하지 아니한다(제58조 제1항).

① 공공기관이 처리하는 개인정보 중 통계법에 따라 수집되는 개인정보
② 국가안전보장과 관련된 정보 분석을 목적으로 수집 또는 제공 요청되는 개인정보
③ 공중위생 등 공공의 안전과 안녕을 위하여 긴급히 필요한 경우로서 일시적으로 처리되는 개인정보
④ 언론, 종교단체, 정당이 각각 취재·보도, 선교, 선거 입후보자 추천 등 고유 목적을 달성하기 위하여 수집·이용하는 개인정보.

제2절 개인정보의 관리방법

1. 개인정보처리자의 의무

가. 안전조치의무

개인정보처리자는 개인정보가 분실·도난·유출·위조·변조 또는 훼손되지 아니하도록 내부 관리계획 수립, 접속기록 보관 등 대통령령으로 정하는 바에 따라 **안전성 확보**에 필요한 기술적·관리적 및 물리적 조치를 하여야 한다(제29조).

나. 개인정보 처리방침의 수립 및 공개

개인정보처리자는 다음의 사항이 포함된 **개인정보의 처리 방침**(개인정보 처리방침)을 정하여야 한다. 이 경우 공공기관은 등록대상이 되는 개인정보파일(제32조)에 대하여 개인정보 처리방침을 정한다(제30조 제1항).

① 개인정보의 처리 목적
② 개인정보의 처리 및 보유 기간
③ 개인정보의 제3자 제공에 관한 사항(해당되는 경우에만 정한다)
④ 개인정보의 파기절차 및 파기방법[134]
⑤ 개인정보처리의 위탁에 관한 사항(해당되는 경우에만 정한다)
⑥ 정보주체와 법정대리인의 권리·의무 및 그 행사방법에 관한 사항
⑦ 개인정보 보호책임자의 성명 또는 개인정보 보호업무 및 관련 고충
　사항을 처리하는 부서의 명칭과 전화번호 등 연락처
⑧ 인터넷 접속정보파일 등 개인정보를 자동으로 수집하는 장치의 설
　치·운영 및 그 거부에 관한 사항(해당되는 경우에만 정한다)
⑨ 그 밖에 개인정보의 처리에 관하여 대통령령으로 정한 사항.

　개인정보처리자가 개인정보 처리방침을 수립하거나 변
경하는 경우에는 정보주체가 쉽게 확인할 수 있도록 대통
령령으로 정하는 방법에 따라 **공개**하여야 한다(제30조 제2항).

　개인정보 처리방침의 내용과 개인정보처리자와 정보주
체 간에 체결한 계약의 내용이 다른 경우에는 정보주체에
게 유리한 것을 적용한다(제30조 제3항).

---

134) 제21조 제1항 단서에 따라 개인정보를 보존하여야 하는 경우
에는 그 보존근거와 보존하는 개인정보 항목을 포함한다.

다. 개인정보 보호책임자의 지정

개인정보처리자는 개인정보의 처리에 관한 업무를 총괄해서 책임질 **개인정보 보호책임자**를 지정하여야 하며(제31조 제1항), 개인정보 보호책임자가 업무를 수행함에 있어서 정당한 이유 없이 불이익을 주거나 받게 하여서는 아니 된다(제31조 제5항). 개인정보 보호책임자는 다음의 업무를 수행한다(제31조 제2항).

① 개인정보 보호 계획의 수립 및 시행
② 개인정보 처리 실태 및 관행의 정기적인 조사 및 개선
③ 개인정보 처리와 관련한 불만의 처리 및 피해 구제
④ 개인정보 유출 및 오용·남용 방지를 위한 내부통제시스템의 구축
⑤ 개인정보 보호 교육 계획의 수립 및 시행
⑥ 개인정보파일의 보호 및 관리·감독
⑦ 그 밖에 개인정보의 적절한 처리를 위하여 대통령령으로 정한 업무.

개인정보 보호책임자는 이상의 업무를 수행함에 있어서 필요한 경우 개인정보의 처리 현황, 처리 체계 등에 대하여 수시로 조사하거나 관계 당사자로부터 보고를 받을 수 있다(제31조 제3항).

개인정보 보호책임자는 개인정보 보호와 관련하여 이

법 및 다른 관계 법령의 위반 사실을 알게 된 경우에는 즉시 개선조치를 하여야 하며, 필요하면 소속 기관 또는 단체의 장에게 개선조치를 보고하여야 한다(제31조 제4항).

라. 개인정보 침해의 예방을 위한 조치

공공기관 외의 개인정보처리자는 개인정보파일 운용으로 인하여 정보주체의 개인정보 침해가 우려되는 경우에는 **영향평가**를 하기 위하여 적극 노력하여야 한다(제33조 제8항).

개인정보처리자는 개인정보가 유출되었음을 알게 되었을 때에는 **지체 없이** 해당 정보주체에게 다음의 사실을 알려야 한다(제34조 제1항).

① 유출된 개인정보의 항목
② 유출된 시점과 그 경위
③ 유출로 인하여 발생할 수 있는 피해를 최소화하기 위하여 정보주체가 할 수 있는 방법 등에 관한 정보
④ 개인정보처리자의 대응조치 및 피해 구제절차
⑤ 정보주체에게 피해가 발생한 경우 신고 등을 접수할 수 있는 담당부서 및 연락처.

개인정보처리자는 개인정보가 유출된 경우 그 **피해를 최소화하기 위한 대책**을 마련하고 필요한 조치를 하여야 한다(제34조 제2항).

개인정보처리자는 대통령령으로 정한 규모 이상의 개인
정보가 유출된 경우에는 통지 및 조치 결과를 **지체 없이**
보호위원회 또는 대통령령으로 정하는 전문기관에 신고하
여야 한다. 이 경우 보호위원회 또는 대통령령으로 정하
는 전문기관은 피해 확산방지, 피해 복구 등을 위한 기술
을 지원할 수 있다(제34조 제3항).

마. 공공기관장의 의무

공공기관의 장이 **개인정보파일**을 운용하는 경우에는 다
음 의 사항을 보호위원회에 등록하여야 하며, 등록한 사
항이 변경된 경우에도 마찬가지이다(제32조 제1항).[135]

① 개인정보파일의 명칭
② 개인정보파일의 운영 근거 및 목적
③ 개인정보파일에 기록되는 개인정보의 항목
④ 개인정보의 처리방법
⑤ 개인정보의 보유기간
⑥ 개인정보를 통상적 또는 반복적으로 제공하는 경우에는 그
   제공받는 자
⑦ 그 밖에 대통령령으로 정하는 사항.

---

135) 공공기관의 장은 영향평가를 한 개인정보파일을 등록할 때에
는 영향평가 결과를 함께 첨부하여야 한다(제33조 제4항).

그러나 다음의 어느 하나에 해당하는 개인정보파일에 대하여는 등록하지 아니하여도 된다(제32조 제2항).

① 국가 안전, 외교상 비밀, 그 밖에 국가의 중대한 이익에 관한 사항을 기록한 개인정보파일
② 범죄의 수사, 공소의 제기 및 유지, 형 및 감호의 집행, 교정처분, 보호처분, 보안관찰처분과 출입국관리에 관한 사항을 기록한 개인정보파일
③ 조세범처벌법에 따른 범칙행위 조사 및 관세법에 따른 범칙행위 조사에 관한 사항을 기록한 개인정보파일
④ 공공기관의 내부적 업무처리만을 위하여 사용되는 개인정보파일
⑤ 다른 법령에 따라 비밀로 분류된 개인정보파일.

국회, 법원, 헌법재판소, 중앙선거관리위원회(그 소속 기관 포함)의 개인정보파일 등록 및 공개에 관하여는 국회규칙, 대법원규칙, 헌법재판소규칙 및 중앙선거관리위원회규칙으로 정한다(제32조 제6항).

2. 보호위원회의 권한과 책임

가. 개인정보 보호 인증

보호위원회는 개인정보처리자의 개인정보 처리 및 보호

와 관련한 일련의 조치가 이 법에 부합하는지 등에 관하여 **인증**할 수 있으며(제32조의2 제1항),[136] 인증의 유효기간은 3년으로 한다(제32조의2 제2항).

보호위원회는 거짓이나 그 밖의 부정한 방법으로 개인정보 보호 인증을 받은 경우에는 인증을 취소하여야 한다(제32조의2 제3항).

그리고 다음의 어느 하나에 해당하는 경우에는 대통령령으로 정하는 바에 따라 인증을 취소할 수 있다(제32조의2 제3항).

① 사후관리를 거부 또는 방해한 경우
② 인증기준에 미달하게 된 경우
③ 개인정보 보호 관련 법령을 위반하고 그 위반사유가 중대한 경우.

보호위원회는 개인정보 보호 인증의 실효성 유지를 위하여 연 1회 이상 **사후관리**를 실시하여야 한다(제32조의2 제4항).

보호위원회는 대통령령으로 정하는 전문기관으로 하여금 위 인증, 인증 취소, 사후관리 및 인증 심사원 관리 업무를 수행하게 할 수 있다(제32조의2 제5항).

---

136) 인증을 받은 자는 대통령령으로 정하는 바에 따라 인증의 내용을 표시하거나 홍보할 수 있다(제32조의2 제6항).

나. 개인정보 처리방침의 작성지침

보호위원회는 **개인정보 처리방침의 작성지침**을 정하여 개인정보처리자에게 그 준수를 권장할 수 있다(제30조 제4항).

그리고 보호위원회는 필요하면 **개인정보파일의 등록사항과 그 내용**을 검토하여 해당 공공기관의 장에게 개선을 권고할 수 있으며(제32조 제3항), 개인정보파일의 등록 현황을 누구든지 쉽게 열람할 수 있도록 공개하여야 한다(제32조 제4항).

다. 개인정보 영향평가의 관리

보호위원회는 공공기관의 장을 통하여 **개인정보 영향평가**를 관리한다.

공공기관의 장은 대통령령으로 정하는 기준에 해당하는 개인정보파일의 운용으로 인하여 정보주체의 개인정보 침해가 우려되는 경우에는 그 **위험요인의 분석과 개선 사항 도출을 위한 평가**(영향평가)를 하고 그 결과를 보호위원회에 제출하여야 한다.[137]

이 경우 공공기관의 장은 영향평가를 **보호위원회가 지**

---

137) 보호위원회는 제출받은 영향평가 결과에 대하여 의견을 제시할 수 있다(제33조 제3항).

정하는 기관(평가기관) 중에서 의뢰하여야 하며(제33조 제1항), 영향평가를 하는 경우에는 다음의 사항을 고려하여야 한 다(제33조 제2항).

① 처리하는 개인정보의 수
② 개인정보의 제3자 제공 여부
③ 정보주체의 권리를 해할 가능성 및 그 위험 정도
④ 그 밖에 대통령령으로 정한 사항.

보호위원회는 영향평가의 활성화를 위하여 관계 전문가의 육성, 영향평가 기준의 개발·보급 등 필요한 조치를 마련하여야 한다(제34조 제5항).

국회, 법원, 헌법재판소, 중앙선거관리위원회(그 소속 기관 포함)의 영향평가에 관한 사항은 국회규칙, 대법원규칙, 헌법재판소규칙 및 중앙선거관리위원회규칙으로 정하는 바에 따른다(제33조 제7항).

보호위원회는 정보통신서비스 이용에 있어서 개인정보처리에 따른 위험성 및 결과, 이용자의 권리 등을 명확하게 인지하지 못할 수 있는 **만 14세 미만의 아동의 개인정보 보호 시책**을 마련하여야 한다(제39조의3 제6항).

라. 비밀유지의무

다음의 업무에 종사하거나 종사하였던 자는, 다른 법률에 특별한 규정이 있는 경우를 제외하고, **직무상 알게 된 비밀**을 다른 사람에게 누설하거나 직무상 목적 외의 용도로 이용하여서는 아니 된다(제60조).

① 보호위원회의 업무(제7조의8 및 제7조의9)
② 개인정보 보호 인증 업무(제32조의2)
③ 영향평가 업무(제33조).

3. 정보통신서비스 제공자의 특례[138]

가. 개인정보의 수집·이용 동의 등

정보통신서비스 제공자등은 이용자의 개인정보를 처리하는 자를 **최소한으로 제한**하여야 한다(제39조의5).

정보통신서비스 제공자는 이용자의 개인정보를 이용하려고 수집하는 경우에는 다음의 모든 사항을 이용자에게

---

138) 이 규정은 2020년 2월 4일 개정시, 정보통신망법상의 개인정보 보호 관련 규정을 개인정보법으로 일원화함에 따라 신설하였다.

알리고 **동의**를 받아야 하며, 다음의 어느 하나의 사항을 변경하려는 경우에도 마찬가지이다(제39조의3 제1항).

① 개인정보의 수집·이용 목적
② 수집하는 개인정보의 항목
③ 개인정보의 보유·이용 기간.

　이용자는 정보통신서비스 제공자등에 대하여 언제든지 개인정보 수집·이용·제공 등의 **동의를 철회**할 수 있다 (제39조의7 제1항).139) 정보통신서비스 제공자등은 동의의 철회, 개인정보의 열람, 정정을 요구하는 방법을 개인정보의 수집방법보다 쉽게 하여야 한다(제39조의7 제2항).

　그러나 다음의 어느 하나에 해당하는 경우에는 **동의 없이** 이용자의 개인정보를 수집·이용할 수 있다(제39조의3 제2항).

① 정보통신서비스140)의 제공에 관한 계약을 이행하기 위하여 필요한 개인정보로서 경제적·기술적인 사유로 통상적인 동의를 받는 것이 뚜렷하게 곤란한 경우
② 정보통신서비스의 제공에 따른 요금정산을 위하여 필요한 경우
③ 다른 법률에 특별한 규정이 있는 경우.

---

139) 정보통신서비스 제공자등은 동의를 철회하면 지체 없이 수집된 개인정보를 복구·재생할 수 없도록 파기하는 등 필요한 조치를 하여야 한다(제39조의7 제3항).
140) 정보통신망법 제2조 제1항 제2호에 따른 정보통신서비스를 말한다.

정보통신서비스 제공자는 이용자가 필요한 최소한의 개인정보141) 이외의 개인정보를 제공하지 아니한다는 이유로 그 서비스의 제공을 거부해서는 아니 된다(제39조의3 제3항).

정보통신서비스 제공자는 만 14세 미만의 아동으로부터 개인정보 수집·이용·제공 등의 동의를 받으려면 그 **법정대리인의 동의**를 받아야 하고, 대통령령으로 정하는 바에 따라 법정대리인이 동의하였는지를 확인하여야 한다(제39조의3 제4항).

정보통신서비스 제공자는 만 14세 미만의 아동에게 개인정보 처리와 관련한 사항의 고지 등을 하는 때에는 이해하기 쉬운 양식과 명확하고 알기 쉬운 언어를 사용하여야 한다(제39조의3 제5항).

나. 개인정보 유출등의 통지·신고

정보통신서비스 제공자와 그로부터 이용자의 개인정보를 제공받은 자(정보통신서비스 제공자등)는 개인정보의 분실·도난·유출(유출등) 사실을 안 때에는 **지체 없이** 다음의 사항을 해당 이용자에게 알리고 보호위원회 또는 대통령령으로 정하는 전문기관에 신고하여야 한다.142)

---

141) 이는 해당 서비스의 본질적 기능을 수행하기 위하여 반드시 필요한 정보를 말한다(제39조의3 제3항).

정당한 사유142) 없이 그 사실을 안 때부터 **24시간**을 경과하여 통지·신고해서는 아니 된다. 그러나 이용자의 연락처를 알 수 없는 등 정당한 사유가 있는 경우에는 대통령령으로 정하는 바에 따라 통지를 갈음하는 조치를 취할 수 있다(제39조의4 제1항).

① 유출등이 된 개인정보 항목
② 유출등이 발생한 시점
③ 이용자가 취할 수 있는 조치
④ 정보통신서비스 제공자등의 대응 조치
⑤ 이용자가 상담 등을 접수할 수 있는 부서 및 연락처.

다. 개인정보의 보호조치

정보통신서비스 제공자등은 정보통신서비스를 1년의 기간 동안 이용하지 아니하는 이용자의 개인정보를 보호하기 위하여 대통령령으로 정하는 바에 따라 **개인정보의 파기** 등 필요한 조치를 취하여야 한다.144) 그러나 그 기간

---

142) 신고를 받은 전문기관은 지체 없이 그 사실을 보호위원회에 알려야 한다(제39조의4 제2항).

143) 정보통신서비스 제공자등은 정당한 사유를 보호위원회에 소명하여야 한다(제39조의4 제3항).

144) 정보통신서비스 제공자등은 기간 만료 30일 전까지 개인정보가 파기되는 사실, 기간 만료일 및 파기되는 개인정보의 항목 등 대통령령으로 정하는 사항을 전자우편 등 대통령령으로 정하는 방법으로 이용자에게 알려야 한다(제39조의6 제2항).

에 대하여 다른 법령 또는 이용자의 요청에 따라 달리 정한 경우에는 그에 따른다(제39조의6 제1항).

정보통신서비스 제공자 등으로서 대통령령으로 정하는 기준에 해당하는 자는 수집한 이용자의 개인정보의 이용내역(제17조에 따른 제공 포함)을 주기적으로 이용자에게 **통지**하여야 한다(제39조의8 제1항 본문).[145]

정보통신서비스 제공자등은 주민등록번호, 계좌정보, 신용카드정보 등 이용자의 개인정보가 정보통신망을 통하여 **공중에 노출되지 아니하도록** 하여야 하며(제39조의10 제1항), 공중에 노출된 개인정보에 대하여 보호위원회 또는 대통령령으로 지정한 전문기관의 요청이 있는 경우 정보통신서비스 제공자등은 삭제·차단 등 필요한 조치를 취하여야 한다(제39조의10 제2항).

정보통신서비스 제공자등은 손해배상책임의 이행을 위하여 보험 또는 공제에 가입하거나 준비금을 적립하는 등 필요한 조치를 하여야 한다(제39조의9 제1항).

라. 국외 이전 개인정보의 보호

정보통신서비스 제공자등은 이용자의 개인정보에 관하

---

145) 연락처 등 이용자에게 통지할 수 있는 개인정보를 수집하지 아니한 경우에는 통지하지 아니하여도 된다(제39조의8 제1항 단서).

여 이 법을 위반하는 사항을 내용으로 하는 **국제계약**을 체결해서는 아니 된다(제39조의12 제1항).

그리고 이용자의 개인정보를 국외에 제공(조회되는 경우 포함) · 처리위탁 · 보관(이전)하려면 이용자의 **동의**를 받아야 한다(제39조의12 제2항 본문). 그러나 아래 고지사항 모두를 공개하거나 전자우편 등 대통령령으로 정하는 방법에 따라 이용자에게 알린 경우에는 개인정보 처리위탁 · 보관에 따른 동의절차를 거치지 아니할 수 있다(제39조의12 제2항 단서).

정보통신서비스 제공자등은 동의를 받으려면 미리 다음 각의 사항 모두를 이용자에게 **고지**하여야 한다(제39조의12 제3항).

① 이전되는 개인정보 항목
② 개인정보가 이전되는 국가, 이전일시 및 이전방법
③ 개인정보를 이전받는 자의 성명(법인인 경우에는 그 명칭 및 정보관리책임자의 연락처)
④ 개인정보를 이전받는 자의 개인정보 이용목적 및 보유 · 이용 기간.

정보통신서비스 제공자등은 동의를 받아 개인정보를 국외로 이전하는 경우 대통령령으로 정하는 바에 따라 보호조치를 하여야 한다(제39조의12 제4항). 이용자의 **개인정보를 이전받는 자**가 해당 개인정보를 제3국으로 이전하는 경우에도 이상의 의무를 준수하여야 한다(제39조의12 제5항).

개인정보의 국외 이전을 제한하는 국가의 정보통신서비스

제공자등에 대하여는 **해당 국가의 수준에 상응하는 제한**을 할 수 있다(제39조의13 본문). 그러나 조약 또는 그 밖의 국제협정의 이행에 필요한 경우에는 예외로 한다(제39조의13 단서).

마. 국내대리인의 지정

국내에 주소 또는 영업소가 없는 정보통신서비스 제공자등으로서 이용자 수, 매출액 등을 고려하여 대통령령으로 정하는 기준에 해당하는 자는 다음의 사항을 대리하는 자(국내대리인)146)를 서면으로 지정하여야 한다(제39조의11 제1항).

① 개인정보 보호책임자의 업무(제31조)
② 통지·신고(제39조의4)
③ 관계 물품·서류 등의 제출(제63조 제1항).

국내대리인을 지정한 때에는 다음의 사항 모두를 개인정보 처리방침에 포함하여야 한다(제39조의11 제3항).

① 국내대리인의 성명(법인의 경우에는 그 명칭 및 대표자의 성명)
② 국내대리인의 주소(법인의 경우에는 영업소 소재지), 전화번호 및 전자우편 주소.

국내대리인이 이 법을 위반한 경우에는 정보통신서비스

---

146) 국내대리인은 국내에 주소 또는 영업소가 있는 자로 한다(제39조의11 제2항).

제공자등이 그 행위를 한 것으로 본다(제39조의11 제4항).

　　바. 방송사업자등

　방송사업자등147)이 시청자의 개인정보를 처리하는 경우에는 정보통신서비스 제공자에게 적용되는 규정을 준용한다(제39조의14).

4. 적용제외 정보

　다음의 어느 하나에 해당하는 개인정보에 관하여는 이상의 "제2절 관리방법"에 관한 규정(법 제4장)을 적용하지 아니한다(제58조 제1항).

① 공공기관이 처리하는 개인정보 중 통계법에 따라 수집되는 개인정보
② 국가안전보장과 관련된 정보 분석을 목적으로 수집 또는 제공 요청되는 개인정보
③ 공중위생 등 공공의 안전과 안녕을 위하여 긴급히 필요한 경우로서 일시적으로 처리되는 개인정보
④ 언론, 종교단체, 정당이 각각 취재·보도, 선교, 선거 입후보자 추천 등 고유 목적을 달성하기 위하여 수집·이용하는 개인정보.

---

147) 방송법 제2조 제3호 가목부터 마목까지와 같은 조 제6호·제9호·제12호 및 제14호에 해당하는 자를 말한다.

제4장 개인정보의 침해에 대한 구제

제1절 민사적 구제

1. 손해배상청구권

가. 징벌적 배상청구

정보주체는 개인정보처리자가 이 법을 위반한 행위로 손해를 입으면 개인정보처리자에게 **손해배상**을 청구할 수 있으며, 이 경우 그 개인정보처리자는 고의 또는 과실이 없음을 입증하지 아니하면 책임을 면할 수 없다(제39조 제1항).

개인정보법은 개인정보 유출에 대한 피해구제를 강화하기 위하여 실제 손해액은 넘은 **징벌적 손해배상제**를 도입하였다.[148]

개인정보처리자의 고의 또는 중대한 과실로 인하여 개인정보가 분실·도난·유출·위조·변조 또는 훼손된 경

---

148) 성낙인, 『헌법학』(2019), 1244면.

우로서 정보주체에게 손해가 발생한 때에는, 개인정보처리자가 고의 또는 중대한 과실이 없음을 증명한 경우를 제외하고, 법원은 그 **손해액의 3배를 넘지 아니하는 범위**에서 손해배상액을 정할 수 있다(제39조 제3항). 법원은 배상액을 정할 때에는 다음의 사항을 고려하여야 한다(제39조 제4항).

① 고의 또는 손해 발생의 우려를 인식한 정도
② 위반행위로 인하여 입은 피해 규모
③ 위법행위로 인하여 개인정보처리자가 취득한 경제적 이익
④ 위반행위에 따른 벌금 및 과징금
⑤ 위반행위의 기간·횟수 등
⑥ 개인정보처리자의 재산상태
⑦ 개인정보처리자가 정보주체의 개인정보 분실·도난·유출 후 해당 개인정보를 회수하기 위하여 노력한 정도
⑧ 개인정보처리자가 정보주체의 피해구제를 위하여 노력한 정도.

나. 법정손해의 배상청구

정보주체는 이상의 손해배상청구를 하지 않고, 개인정보처리자의 고의 또는 과실로 인하여 개인정보가 분실·도난·유출·위조·변조 또는 훼손된 경우에는 **300만원 이하의 범위**에서 상당한 금액을 손해액으로 하여 배상을 청구할 수 있으며, 이 경우 해당 개인정보처리자는 고의 또는 과실이 없음을 입증하지 아니하면 책임을 면할 수 없다(제39조의2 제1항).

법원은 위 청구가 있는 경우에 변론 전체의 취지와 증거조사의 결과를 고려하여 **300만원 이하의 범위**에서 상당한 손해액을 인정할 수 있다(제39조의2 제2항).

손해배상을 청구한 정보주체는 사실심(事實審)의 변론이 종결되기 전까지 그 청구를 법정손해의 청구로 변경할 수 있다(제39조의2 제3항).

특히, 카드사의 직원에 의한 정보유출 사건의 경우 법정손해배상제도를 활용할 가능성이 있다.149)

다. 정신적 손해의 판단기준

개인정보를 처리하는 자가 수집한 개인정보가 정보주체의 의사에 반하여 유출된 경우, 그로 인하여 정보주체에게 위자료로 배상할 만한 **정신적 손해**가 발생하였는지는, ① 유출된 개인정보의 종류와 성격이 무엇인지, ② 개인정보 유출로 정보주체를 식별할 가능성이 발생하였는지, ③ 제3자가 유출된 개인정보를 열람하였는지 또는 제3자의 열람 여부가 밝혀지지 않았다면 제3자의 열람 가능성이 있었거나 앞으로 열람 가능성이 있는지, ④ 유출된 개인정보가 어느 범위까지 확산되었는지, ⑤ 개인정보 유출로 추가적인 법익침해 가능성이 발생하였는지, ⑥ 개인정

---

149) 장보은, "개인정보 관련 민사판례 동향과 전망" (2021), 309면.

보를 처리하는 자가 개인정보를 관리해 온 실태와 개인정보가 유출된 구체적인 경위는 어떠한지, ⑦ 개인정보 유출로 인한 피해 발생 및 확산을 방지하기 위하여 어떠한 조치가 취하여졌는지 등 여러 사정을 종합적으로 고려하여 구체적 사건에 따라 개별적으로 판단하여야 한다.[150]

라. 정신적 손해에 대한 위자료

불법행위로 입은 정신적 고통에 대한 **위자료 액수**에 관하여는 사실심 법원이 여러 사정을 참작하여 그 직권에 속하는 재량에 의하여 확정할 수 있다.[151] 국민카드와 농협은행 등의 카드거래 고객의 정보가 유출된 사건에서 법원은 손해배상액을 10만원으로 판단하였다.[152]

그러나 주유 관련 보너스카드 회원으로 가입한 고객들의 개인정보를 데이터베이스로 구축하여 관리하면서 이를 이용하여 고객서비스센터를 운영하는 A 주식회사로부터 고객서비스센터 운영업무 등을 위탁받아 수행하는 B 주식

---

150) 대법원 2012. 12. 26. 선고 2011다59834, 59858, 59841 판결; 대법원 2018. 10. 25. 선고 2018다223214 판결; 대법원 2018. 12. 28. 선고 2018다214142 판결.

151) 대법원 1999. 4. 23. 선고 98다41377 판결; 대법원 2018. 12. 28. 선고 2018다214142 판결.

152) 대법원 2018. 10. 25. 선고 2018다223214 판결; 대법원 2018. 12. 28. 선고 2018다214142 판결.

회사 관리팀 직원 C가, D 등과 공모하여 E 등을 포함한
보너스카드 회원의 성명, 주민등록번호, 주소, 전화번호,
이메일 주소 등 고객정보를 빼내어 DVD 등 저장매체에
저장된 상태로 전달 또는 복제한 후 개인정보유출사실을
언론을 통하여 보도함으로써 집단소송에 활용할 목적으로
**고객정보가 저장된 저장매체를 언론관계자들에게 제공한
사안**에서, 개인정보가 C에 의하여 유출된 후 저장매체에
저장된 상태로 공범들과 언론관계자 등에게 유출되었지만
언론보도 직후 개인정보가 저장된 저장매체 등을 소지하
고 있던 사건 관련자들로부터 저장매체와 편집 작업 등에
사용된 컴퓨터 등이 모두 압수, 임의제출되거나 폐기된
점, 범행을 공모한 C 등이 개인정보 판매를 위한 사전작
업을 하는 과정에서 위와 같이 한정된 범위의 사람들에게
개인정보가 전달 또는 복제된 상태에서 범행이 발각되어
개인정보가 수록된 저장매체들이 모두 회수되거나 폐기되
었고 그 밖에 개인정보가 유출된 흔적도 보이지 아니하여
제3자가 개인정보를 열람하거나 이용할 수는 없었다고 보
이는 점, 개인정보를 유출한 범인들이나 언론관계자들이
개인정보 중 일부를 열람한 적은 있으나 개인정보의 종류
및 규모에 비추어 위와 같은 열람만으로 특정 개인정보를
식별하거나 알아내는 것은 매우 어려울 것으로 보이는
점, 개인정보 유출로 인하여 E 등에게 신원확인, 명의도용
이나 추가적인 개인정보 유출 등 후속 피해가 발생하였음

을 추지할 만한 상황이 발견되지 아니하는 점 등 제반 사정에 비추어 볼 때, 개인정보 유출로 인하여 E 등에게 위자료로 배상할 만한 정신적 손해가 발생하였다고 보기 어렵다고 하였다.153)

마. 손해배상의 적용대상에서 제외되는 정보

다음의 어느 하나에 해당하는 개인정보에 관하여는 이상의 '손해배상청구권'에 관한 규정(제39조 및 제39조의2)을 적용하지 아니한다(제58조 제1항).

① 공공기관이 처리하는 개인정보 중 통계법에 따라 수집되는 개인정보
② 국가안전보장과 관련된 정보 분석을 목적으로 수집 또는 제공 요청되는 개인정보
③ 공중위생 등 공공의 안전과 안녕을 위하여 긴급히 필요한 경우로서 일시적으로 처리되는 개인정보
④ 언론, 종교단체, 정당이 각각 취재·보도, 선교, 선거 입후보자 추천 등 고유 목적을 달성하기 위하여 수집·이용하는 개인정보.

---

153) 대법원 2012. 12. 26. 선고 2011다59834,59858,59841 판결.

2. 보호위원회의 조치

가. 보호위원회에 대한 신고

개인정보처리자가 개인정보를 처리할 때 개인정보에 관한 권리 또는 이익을 **침해받은 사람**은 보호위원회에 그 침해 사실을 신고할 수 있다(제62조 제1항).

보호위원회는 신고의 접수·처리 등에 관한 업무를 효율적으로 수행하기 위하여 대통령령으로 정하는 바에 따라 **전문기관**을 지정할 수 있다(제62조 제2항).

이 경우 전문기관은 개인정보침해 **신고센터**를 설치·운영하여야 하며, 신고센터는 다음의 업무를 수행한다(제62조 제3항).

① 개인정보 처리와 관련한 신고의 접수·상담
② 사실의 조사·확인 및 관계자의 의견 청취
③ 위 ① 및 ②에 따른 업무에 딸린 업무.

나. 조사 및 검사

보호위원회는 위 사실 조사·확인 등의 업무를 효율적으로 하기 위하여 필요하면 소속 공무원을 전문기관에 파견할 수 있다(제62조 제4항).

보호위원회는 다음의 어느 하나에 해당하는 경우에는 개인정보처리자에게 관계 물품·서류 등 **자료를 제출**하게 할 수 있다(제63조 제1항).

① 이 법을 위반하는 사항을 발견하거나 혐의가 있음을 알게 된 경우
② 이 법 위반에 대한 신고를 받거나 민원이 접수된 경우
③ 그 밖에 정보주체의 개인정보 보호를 위하여 필요한 경우로서 대통령령으로 정하는 경우.

보호위원회는 개인정보처리자가 자료를 제출하지 아니하거나 이 법을 위반한 사실이 있다고 인정되면 소속 공무원으로 하여금 개인정보처리자 및 해당 법 위반사실과 관련한 관계인의 사무소나 사업장에 출입하여 업무 상황, 장부 또는 서류 등을 **검사**하게 할 수 있다. 이 경우 검사를 하는 공무원은 그 권한을 나타내는 증표를 지니고 이를 관계인에게 내보여야 한다(제63조 제2항).

그리고 **관계 중앙행정기관의 장**은 소관 법률에 따라 개인정보처리자에게 자료제출을 요구하거나 개인정보처리자 및 해당 법 위반사실과 관련한 관계인에 대하여 **검사**를 할 수 있다(제63조 제3항).

보호위원회는 이 법을 위반하는 사항을 발견하거나 혐

의가 있음을 알게 된 경우에는 관계 중앙행정기관의
장154)에게 구체적인 범위를 정하여 개인정보처리자에 대
한 **검사**를 요구할 수 있으며, 필요 시 보호위원회의 소속
공무원이 해당 검사에 공동으로 참여하도록 요청할 수 있
다.155)

다. 비밀유지의무

보호위원회와 관계 중앙행정기관의 장은 제출받거나 수
집한 서류·자료 등을 이 법에 따른 경우를 제외하고는
제3자에게 제공하거나 일반에 공개해서는 아니 된다(제63조
제8항).

보호위원회와 관계 중앙행정기관의 장은 정보통신망을
통하여 자료의 제출 등을 받은 경우나 수집한 자료 등을 전
자화한 경우에는 개인정보·영업비밀 등이 유출되지 아니하
도록 제도적·기술적 보완조치를 하여야 한다(제63조 제9항).

---

154) 해당 중앙행정기관의 장의 지휘·감독을 받아 검사권한을 수
행하는 법인이 있는 경우 그 법인을 말한다.
155) 이 경우 그 요구를 받은 관계 중앙행정기관의 장은 특별한 사
정이 없으면 이에 따라야 한다(제63조 제4항).

라. 시정조치 등

보호위원회는 관계 중앙행정기관의 장156)에게 검사 결과와 관련하여 개인정보처리자에 대한 **시정조치**를 요청하거나, 처분 등에 대한 의견을 제시할 수 있다(제63조 제5항).

보호위원회는 개인정보 침해사고의 예방과 효과적인 대응을 위하여 관계 중앙행정기관의 장과 합동으로 **개인정보 보호실태를 점검**할 수 있다(제63조 제7항).

보호위원회는 개인정보가 침해되었다고 판단할 상당한 근거가 있고 이를 방치할 경우 회복하기 어려운 피해가 발생할 우려가 있다고 인정되면 이 법을 위반한 자157)에 대하여 다음에 해당하는 **조치**를 명할 수 있다(제64조 제1항).

① 개인정보 침해행위의 중지
② 개인정보 처리의 일시적인 정지
③ 그 밖에 개인정보의 보호 및 침해 방지를 위하여 필요한 조치.

관계 중앙행정기관의 장은 개인정보가 침해되었다고 판

---

156) 해당 중앙행정기관의 장의 지휘·감독을 받아 검사권한을 수행하는 법인이 있는 경우 그 법인을 말한다.
157) 중앙행정기관, 지방자치단체, 국회, 법원, 헌법재판소, 중앙선거관리위원회는 제외한다.

단할 상당한 근거가 있고 이를 방치할 경우 회복하기 어려운 피해가 발생할 우려가 있다고 인정되면 소관 법률에 따라 개인정보처리자에 대하여 위 **조치**를 명할 수 있다(제64조 제2항).

지방자치단체, 국회, 법원, 헌법재판소, 중앙선거관리위원회는 그 소속 기관 및 소관 공공기관이 이 법을 위반하였을 때에는 위 **조치**를 명할 수 있다(제64조 제3항).

보호위원회는 중앙행정기관, 지방자치단체, 국회, 법원, 헌법재판소, 중앙선거관리위원회가 이 법을 위반하였을 때에는 해당 기관의 장에게 위 **조치**를 하도록 권고할 수 있으며, 이 경우 권고를 받은 기관은 특별한 사유가 없으면 이를 존중하여야 한다(제64조 제4항).

마. 고발 및 징계권고

보호위원회는 개인정보처리자에게 이 법 등 개인정보 보호와 관련된 법규의 위반에 따른 범죄혐의가 있다고 인정될 만한 상당한 이유가 있을 때에는 관할 수사기관에 그 내용을 **고발**할 수 있다(제65조 제1항).

보호위원회는 이 법 등 개인정보 보호와 관련된 법규의 위반행위가 있다고 인정될 만한 상당한 이유가 있을 때에는 책임이 있는 자(대표자 및 책임있는 임원 포함)를 **징계**할 것을 해당 개인정보처리자에게 권고할 수 있으며, 이 경우 권고를 받은 사람은 이를 존중하여야 하며 그 결과를 보호위원회에 통보하여야 한다(제65조 제2항).

관계 중앙행정기관의 장은 소관 법률에 따라 개인정보처리자에 대하여 **고발**을 하거나 소속 기관·단체 등의 장에게 **징계권고**를 할 수 있으며, 이 경우 권고를 받은 사람은 이를 존중하여야 하며 그 결과를 관계 중앙행정기관의 장에게 통보하여야 한다(제65조 제3항).

보호위원회는 위 개선권고, 시정조치 명령, 고발 또는 징계권고 및 과태료 부과의 내용 및 결과에 대하여 공표할 수 있다(제66조 제1항). 그리고 관계 중앙행정기관의 장도 소관 법률에 따라 이러한 사항을 공표할 수 있다(제66조 제2항).

3. 분쟁조정위원회의 조정

가. 설치 및 구성

개인정보에 관한 분쟁의 조정(調停)을 위하여 개인정보분쟁조정위원회를 둔다(제40조 제1항).

분쟁조정위원회는 위원장 1명을 포함한 20명 이내의 위원으로 구성하며, 위원은 당연직위원과 위촉위원으로 구성한다(제40조 제2항).

위촉위원은 다음의 어느 하나에 해당하는 사람 중에서 보호위원회 위원장이 위촉하고, 대통령령으로 정하는 국가기관 소속 공무원은 당연직위원이 된다(제40조 제3항).

① 개인정보 보호업무를 관장하는 중앙행정기관의 고위공무원단에 속하는 공무원으로 재직하였던 사람 또는 이에 상당하는 공공부문 및 관련 단체의 직에 재직하고 있거나 재직하였던 사람으로서 개인정보 보호업무의 경험이 있는 사람
② 대학이나 공인된 연구기관에서 부교수 이상 또는 이에 상당하는 직에 재직하고 있거나 재직하였던 사람
③ 판사·검사 또는 변호사로 재직하고 있거나 재직하였던 사람
④ 개인정보 보호와 관련된 시민사회단체 또는 소비자단체로부터 추천을 받은 사람
⑤ 개인정보처리자로 구성된 사업자단체의 임원으로 재직하고 있거나 재직하였던 사람.

위원장은 위원 중에서 공무원이 아닌 사람으로 보호위원회 위원장이 위촉한다(제40조 제4항). 위원장과 위촉위원의 임기는 2년으로 하되, 1차에 한하여 연임할 수 있다(제40조 제5항).

위원은 자격정지 이상의 형을 선고받거나 심신상의 장애로 직무를 수행할 수 없는 경우를 제외하고는 그의 의사에 반하여 면직되거나 해촉되지 아니한다(제41조).

분쟁조정위원회는 분쟁조정 업무를 효율적으로 수행하

기 위하여 필요하면 대통령령으로 정하는 바에 따라 조정 사건의 분야별로 5명 이내의 위원으로 구성되는 **조정부**를 둘 수 있다(제40조 제6항).

나. 회의 및 의결

분쟁조정위원회 또는 조정부는 재적위원 과반수의 출석으로 개의하며 출석위원 과반수의 찬성으로 의결한다(제40조 제7항). 이 경우 조정부가 분쟁조정위원회에서 위임받아 의결한 사항은 분쟁조정위원회에서 의결한 것으로 본다(제40조 제6항).

분쟁조정위원회의 위원은 다음의 어느 하나에 해당하는 경우에는 분쟁조정위원회에 신청된 분쟁조정사건의 심의·의결에서 제척(除斥)된다(제42조 제1항).

① 위원 또는 그 배우자나 배우자였던 자가 그 사건의 당사자가 되거나 그 사건에 관하여 공동의 권리자 또는 의무자의 관계에 있는 경우
② 위원이 그 사건의 당사자와 친족이거나 친족이었던 경우
③ 위원이 그 사건에 관하여 증언, 감정, 법률자문을 한 경우
④ 위원이 그 사건에 관하여 당사자의 대리인으로서 관여하거나 관여하였던 경우.

당사자는 위원에게 공정한 심의·의결을 기대하기 어려

운 사정이 있으면 위원장에게 기피신청을 할 수 있으며, 이 경우 위원장은 기피신청에 대하여 분쟁조정위원회의 의결을 거치지 아니하고 결정한다(제42조 제2항).

위원이 이상의 사유에 해당하는 경우에는 스스로 그 사건의 심의 · 의결에서 회피할 수 있다(제42조 제3항).

다. 분쟁의 조정

(1) 분쟁조정의 신청

개인정보와 관련한 분쟁의 조정을 원하는 자는 **분쟁조정위원회**에 분쟁조정을 신청할 수 있다(제43조 제1항).

분쟁조정위원회는 당사자 일방으로부터 분쟁조정 신청을 받았을 때에는 그 신청내용을 상대방에게 알려야 한다(제43조 제2항).

공공기관이 분쟁조정의 통지를 받은 경우에는 특별한 사유가 없으면 분쟁조정에 응하여야 한다(제43조 제3항).

(2) 조정의 개시

분쟁조정위원회는 분쟁조정 신청을 받았을 때에는 해당 분쟁의 조정을 위하여 필요한 자료를 분쟁당사자에게 요청할 수 있으며, 이 경우 분쟁당사자는 정당한 사유가 없으면 요청에 따라야 한다(제45조 제1항).

분쟁조정위원회는 필요하다고 인정하면 분쟁당사자나 참고인을 위원회에 출석하도록 하여 그 의견을 들을 수 있다(제45조 제2항). 분쟁조정위원회는 분쟁조정 신청을 받았을 때에는 당사자에게 그 내용을 제시하고 **조정 전 합의**를 권고할 수 있다(제46조).

분쟁조정위원회는 분쟁조정 신청을 받은 날부터 **60일 이내에**158) **이를 심사**하여 조정안을 작성하여야 한다(제44조 제1항). 분쟁조정위원회는 다음의 어느 하나의 사항을 포함하여 **조정안을 작성**할 수 있다(제47조 제1항).

① 조사 대상 침해행위의 중지
② 원상회복, 손해배상, 그 밖에 필요한 구제조치
③ 같거나 비슷한 침해의 재발을 방지하기 위하여 필요한 조치.

분쟁조정위원회는 조정안을 작성하면 지체 없이 각 당사자에게 제시하여야 한다(제47조 제2항). 이에 대하여 당사자가 조정내용을 수락한 경우 분쟁조정위원회는 **조정서를**

---

158) 부득이한 사정이 있는 경우에는 분쟁조정위원회의 의결로 처리기간을 연장할 수 있으며, 분쟁조정위원회는 처리기간을 연장한 경우에는 기간연장의 사유와 그 밖의 기간연장에 관한 사항을 신청인에게 알려야 한다(제44조 제2항).

작성하고, 분쟁조정위원회의 위원장과 각 당사자가 기명 날인하여야 한다(제47조 제4항). 위 조정안을 제시받은 당사자가 제시받은 날부터 **15일 이내에** 수락 여부를 알리지 아니하면 조정을 거부한 것으로 본다(제47조 제3항).

(3) 조정의 거부 등

분쟁조정위원회는 분쟁의 성질상 분쟁조정위원회에서 조정하는 것이 적합하지 아니하다고 인정하거나 부정한 목적으로 조정이 신청되었다고 인정하는 경우에는 그 **조정을 거부**할 수 있으며, 이 경우 조정거부의 사유 등을 신청인에게 알려야 한다(제48조 제1항).

분쟁조정위원회는 신청된 조정사건에 대한 처리절차를 진행하던 중에 한 쪽 당사자가 소를 제기하면 그 **조정의 처리를 중지**하고 이를 당사자에게 알려야 한다(제48조 제2항).

(4) 조정의 효력

조정의 내용은 **재판상 화해와 동일한 효력**을 갖는다(제47조 제5항). 분쟁조정위원회의 운영 및 분쟁조정 절차에 관하여 이 법에서 규정하지 아니한 사항에 대하여는 민사조정법을 준용한다(제50조 제2항).

라. 집단분쟁조정

(1) 집단분쟁조정의 신청

국가 및 지방자치단체, 개인정보 보호단체 및 기관, 정보주체, 개인정보처리자는 정보주체의 피해 또는 권리침해가 다수의 정보주체에게 같거나 비슷한 유형으로 발생하는 경우로서 대통령령으로 정하는 사건에 대하여는 분쟁조정위원회에 **일괄적인 분쟁조정**(집단분쟁조정)을 의뢰 또는 신청할 수 있다(제49조 제1항).

분쟁조정위원회는 집단분쟁조정의 당사자가 아닌 정보주체 또는 개인정보처리자로부터 그 분쟁조정의 당사자에 추가로 포함될 수 있도록 하는 신청을 받을 수 있다(제49조 제3항).

(2) 집단분쟁조정의 개시

집단분쟁조정을 의뢰받거나 신청받은 분쟁조정위원회는 그 **의결**로써 집단분쟁조정의 절차를 개시할 수 있으며, 이 경우 분쟁조정위원회는 대통령령으로 정하는 기간 동안 그 절차의 개시를 **공고**하여야 한다(제49조 제2항).

분쟁조정위원회는 그 의결로써 집단분쟁조정의 당사자

중에서 공동의 이익을 대표하기에 가장 적합한 1인 또는 수인을 **대표당사자**로 선임할 수 있다(제49조 제4항).

분쟁조정위원회는 개인정보처리자가 분쟁조정위원회의 집단분쟁조정의 내용을 수락한 경우에는 집단분쟁조정의 당사자가 아닌 자로서 피해를 입은 정보주체에 대한 **보상 계획서**를 작성하여 분쟁조정위원회에 제출하도록 권고할 수 있다(제49조 제5항).

집단분쟁조정의 기간은 공고가 종료된 날의 다음 날부터 **60일 이내**[159]로 한다(제49조 제7항).

(3) 집단분쟁조정의 중지

분쟁조정위원회는 집단분쟁조정의 당사자인 다수의 정보주체 중 일부의 정보주체가 법원에 소를 제기한 경우에는 그 **절차를 중지**하지 아니하고, 소를 제기한 일부의 정보주체를 그 절차에서 제외한다(제49조 제6항).

(4) 집단분쟁조정의 효력

집단분쟁조정의 효력은 위 조정의 효력과 동일하게, **재판상 화해와 동일한 효력**을 갖는다(제47조 제5항).

---

[159] 부득이한 사정이 있는 경우에는 분쟁조정위원회의 의결로 처리기간을 연장할 수 있다.

마. 비밀유지의무

분쟁조정위원회의 **분쟁조정 업무**(제40조)**에 종사하거나 종사하였던 자**는, 다른 법률에 특별한 규정이 있는 경우를 제외하고, 직무상 알게 된 비밀을 다른 사람에게 누설하거나 직무상 목적 외의 용도로 이용하여서는 아니 된다 (제60조).

4. 단체소송제도

가. 단체소송의 대상 등

단체소송은 개인정보의 침해를 당한 정보주체가 임의로 제기할 수는 없고, 일정 요건에 해당하는 단체에 한정하고 있다.

즉, 다음의 어느 하나에 해당하는 단체는 개인정보처리자가 집단분쟁조정을 거부하거나 집단분쟁조정의 결과를 수락하지 아니한 경우에는 법원에 **권리침해 행위의 금지·중지를 구하는 소송**(단체소송)을 제기할 수 있다(제51조).

① 소비자기본법 제29조에 따라 공정거래위원회에 등록한 소비자단체로서 다음 각 목의 요건을 모두 갖춘 단체

㉮ 정관에 따라 상시적으로 정보주체의 권익증진을 주된 목적 으로 하는 단체일 것

㉯ 단체의 정회원수가 1천명 이상일 것

㉰ 소비자기본법 제29조에 따른 등록 후 3년이 경과하였을 것.

② 「비영리민간단체 지원법」 제2조에 따른 비영리민간단체로서 다음 각 목의 요건을 모두 갖춘 단체

㉮ 법률상 또는 사실상 동일한 침해를 입은 100명 이상의 정보 주체로부터 단체소송의 제기를 요청받을 것

㉯ 정관에 개인정보 보호를 단체의 목적으로 명시한 후 최근 3 년 이상 이를 위한 활동실적이 있을 것

㉰ 단체의 상시 구성원수가 5천명 이상일 것

㉱ 중앙행정기관에 등록되어 있을 것.

나. 전속관할

단체소송의 소는 **피고의 주된 사무소 또는 영업소**가 있는 곳, 주된 사무소나 영업소가 없는 경우에는 주된 업무담당자의 주소가 있는 곳의 지방법원 본원 합의부의 관할에 전속한다(제52조 제1항).

외국사업자에 적용하는 경우 대한민국에 있는 이들의 주된 사무소·영업소 또는 업무담당자의 주소에 따라 정한다(제52조 제2항).

다. 소송허가신청 등

단체소송은 변호사강제주의와 소송허가제를 채택하고 있다. 따라서 원고는 반드시 **변호사를 소송대리인으로 선임**하여야 하며(제53조), 소장과 함께 다음의 사항을 기재한 **소송허가신청서**를 법원에 제출하여야 한다(제54조 제1항).

① 원고 및 그 소송대리인
② 피고
③ 정보주체의 침해된 권리의 내용.

소송허가신청서에는 다음의 자료를 첨부하여야 한다(제54조 제2항).

① 소제기단체가 요건(제51조)을 갖추고 있음을 소명하는 자료
② 개인정보처리자가 조정을 거부하였거나 조정결과를 수락하지 아니하였음을 증명하는 서류.

법원은 다음의 요건을 모두 갖춘 경우에 한하여 결정으로 단체소송을 **허가**하며(제55조 제1항), 단체소송을 허가하거나 불허가하는 결정에 대하여는 **즉시항고**할 수 있다(제55조 제2항).

① 개인정보처리자가 분쟁조정위원회의 조정을 거부하거나 조정결과를 수락하지 아니하였을 것
② 소송허가신청서의 기재사항에 흠결이 없을 것.

라. 기각하는 판결이 확정된 경우

원고의 청구를 기각하는 판결이 확정된 경우 이와 **동일한 사안**에 관하여는 다른 단체는 단체소송을 제기할 수 없는(제56조 본문) **대세적 효력**을 가진다. 그러나 다음의 어느 하나에 해당하는 경우에는 그러하지 아니하다(제56조 단서).

① 판결이 확정된 후 그 사안과 관련하여 국가·지방자치단체 또는 국가·지방자치단체가 설립한 기관에 의하여 새로운 증거가 나타난 경우
② 기각판결이 원고의 고의로 인한 것임이 밝혀진 경우.

마. 민사소송법의 적용 등

단체소송에 관하여 이 법에 특별한 규정이 없는 경우에는 **민사소송법**을 적용한다(제57조 제1항). 단체소송의 절차에 관하여 필요한 사항은 **대법원규칙**으로 정하도록 하였는데(제57조 제3항), 대법원은 앞에서 본 바와 같이 **「개인정보 단체소송규칙」**을 제정하여 운용하고 있다.

그리고 단체소송의 허가결정이 있는 경우에는 **민사집행법**에 따른 보전처분을 할 수 있다(제57조 제2항).

제2절 형사적 구제

1. 형사적 구제의 현황

가. 10년 이하의 징역 또는 1억원 이하의 벌금

다음의 어느 하나에 해당하는 자는 10년 이하의 징역 또는 1억원 이하의 벌금에 처한다(제70조).

① 공공기관의 개인정보 처리업무를 방해할 목적으로 **공공기관에서 처리하고 있는 개인정보를 변경하거나 말소**하여 공공기관의 업무 수행의 중단·마비 등 심각한 지장을 초래한 자

② **거짓이나 그 밖의 부정한 수단이나 방법**으로 다른 사람이 처리하고 있는 개인정보를 취득한 후 이를 영리 또는 부정한 목적으로 제3자에게 제공한 자와 이를 교사·알선한 자.

나. 5년 이하의 징역 또는 5천만원 이하의 벌금

다음의 어느 하나에 해당하는 자는 5년 이하의 징역 또는 5천만원 이하의 벌금에 처한다(제71조).

① 제17조 제1항 제2호에 해당하지 아니함에도 같은 항 제1호를 위반하여 **정보주체의 동의를 받지 아니하고** 개인정보를 제3자에게 제공한 자 및 그 사정을 알고 개인정보를 제공받은 자

② 제18조 제1항·제2항(제39조의14에 따라 준용되는 경우 포함), 제19조, 제26조 제5항, 제27조 제3항 또는 제28조의2를 위반하여 개인정보를 이용하거나 제3자에게 제공한 자 및 그 사정을 알면서도 영리 또는 부정한 목적으로 개인정보를 제공받은 자

③ 제23조 제1항을 위반하여 민감정보를 처리한 자

④ 제24조 제1항을 위반하여 고유식별정보를 처리한 자

⑤ 제28조의3을 위반하여 가명정보를 처리하거나 제3자에게 제공한 자 및 그 사정을 알면서도 영리 또는 부정한 목적으로 가명정보를 제공받은 자

⑥ 제28조의5 제1항을 위반하여 특정 개인을 알아보기 위한 목적으로 가명정보를 처리한 자

⑦ 제36조 제2항[160]을 위반하여 정정·삭제 등 필요한 조치(제38조 제2항에 따른 열람등요구에 따른 필요한 조치 포함)를 하지 아니하고 개인정보를 이용하거나 이를 제3자에게 제공한 정보통신서비스 제공자등

⑧ 제39조의3 제1항(제39조의14에 따라 준용되는 경우 포함)을 위반하여 이용자의 동의를 받지 아니하고 개인정보를 수집한 자

⑨ 제39조의3 제4항(제39조의14에 따라 준용되는 경우 포함)을 위반하여 법정대리인의 동의를 받지 아니하거나 법정대리인이 동의하였는지를 확인하지 아니하고 만 14세 미만인 아동의 개인정보를 수집한 자

⑩ 제59조 제2호를 위반하여 업무상 알게 된 개인정보를 누설하거나 권한 없이 다른 사람이 이용하도록 제공한 자 및 그 사정을 알면서도 영리 또는 부정한 목적으로 개인정보를 제공받은 자

⑪ 제59조 제3호를 위반하여 다른 사람의 개인정보를 훼손, 멸실, 변경, 위조 또는 유출한 자.

---

160) 제27조에 따라 정보통신서비스 제공자등으로부터 개인정보를 이전받은 자와 제39조의14에 따라 준용되는 경우를 포함한다.

앞 ⑤의 "가명정보를 처리하거나 제3자에게 제공한 자"에 관한 판례를 보면, 다음과 같다.

개인정보 보호법 제71조 제1호는 제17조 제1항을 위반하여 정보주체의 동의를 받지 아니하고 개인정보를 제3자에게 제공한 자 및 그 사정을 알고 개인정보를 제공받은 자를 처벌하도록 하고 있고, 제17조 제1항은 '개인정보처리자'가 정보주체의 동의를 받은 경우나 수집한 목적 범위 내에서는 개인정보를 제공할 수 있는 것으로 정하고 있어, '개인정보처리자'의 개인정보 무단 제공행위 및 그로부터 개인정보를 무단으로 제공받는 행위에 관하여는 제71조 제1호, 제17조 제1항에 의하여 별도로 규제되고 처벌할 수 있는 점, 개인정보 보호법 제59조 제2호의 의무주체는 '개인정보를 처리하거나 처리하였던 자'로서 제15조(개인정보의 수집·이용), 제17조(개인정보의 제공), 제18조(개인정보의 목적 외 이용·제공 제한) 등의 의무주체인 '개인정보처리자'와는 법문에서 명백히 구별되는 점, 개인정보 보호법이 금지 및 행위규범을 정할 때 일반적으로 개인정보처리자를 규범준수자로 하여 규율함에 따라, 제8장 보칙의 장에 따로 제59조를 두어 '개인정보처리자' 외에도 '개인정보를 처리하거나 처리하였던 자'를 의무주체로 하는 금지행위에 관하여 규정함으로써 개인정보처리자 이외의 자에 의하여 이루어지는 개인정보 침해행위로 인한 폐해를 방지하여 사생활의 비밀 보호 등 개인정보 보호법의 입법 목적을 달성하려 한 것으로 볼 수 있는 점 등을 고려하면, 개인정보 보호법 제71조 제5호의 적용대상자로서 제59조 제2호의 의무주체인 '개인정보를 처리하거나 처리하였던 자'는 제2조 제5호의 '개인정보처리자' 즉 업무를 목적으로 개인정보파일을 운용하기 위하여 스스로 또는 다른 사람을 통하여 개인정보를 처리하는 공공기관, 법인, 단체 및 개인 등에 한정되지 않고, 업무상 알게 된 제2조 제1호의 '개인정보'를 제2조 제2호의 방법으로 '처리'하거나 '처리'하였던 자를 포함한다.[161]

그리고 위 ⑤의 "그 사정을 알면서도 영리 또는 부정한 목적으로 가명정보를 제공받은 자"에 관한 판례를 보면, 다음과 같다.

제71조 제5호 후단은 그 사정을 알면서도 영리 또는 부정한 목적으로 개인정보를 제공받은 자를 처벌하도록 규정하고 있을 뿐 개인정보를 제공하는 자가 누구인지에 관하여는 문언상 아무런 제한을 두지 않고 있는 점과 개인정보 보호법의 입법 목적 등을 고려할 때, 개인정보를 처리하거나 처리하였던 자가 업무상 알게 된 개인정보를 누설하거나 권한 없이 다른 사람이 이용하도록 제공한 것이

---

161) 대법원 2016. 3. 10. 선고 2015도8766 판결.

라는 사정을 알면서도 영리 또는 부정한 목적으로 개인정
보를 제공받은 자라면, 개인정보를 처리하거나 처리하였
던 자로부터 직접 개인정보를 제공받지 아니하더라도 개
인정보 보호법 제71조 제5호의 '개인정보를 제공받은
자'에 해당한다.[162]

다. 3년 이하의 징역 또는 3천만원 이하의 벌금

다음의 어느 하나에 해당하는 자는 3년 이하의 징역
또는 3천만원 이하의 벌금에 처한다(제72조).

① 제25조 제5항을 위반하여 **영상정보처리기기의 설치 목적과
다른 목적**으로 영상정보처리기기를 임의로 조작하거나 다른
곳을 비추는 자 또는 녹음기능을 사용한 자
② 제59조 제1호를 위반하여 거짓이나 그 밖의 부정한 수단이나
방법으로 개인정보를 취득하거나 개인정보 처리에 관한 동의
를 받는 행위를 한 자 및 그 사정을 알면서도 영리 또는 부
정한 목적으로 개인정보를 제공받은 자
③ 제60조를 위반하여 직무상 알게 된 비밀을 누설하거나 직무
상 목적 외에 이용한 자.

위 ②의 "거짓이나 그 밖의 부정한 수단이나 방법"에
관한 판례를 보면, 다음과 같다.

개인정보자기결정권의 법적 성질, 개인정보 보호법의

---

162) 대법원 2018. 1. 24. 선고 2015도16508.

입법 목적, 개인정보 보호법상 개인정보 보호 원칙 및 개인정보처리자가 개인정보를 처리함에 있어서 준수하여야 할 의무의 내용 등을 고려하여 볼 때, 개인정보 보호법 제72조 제2호에 규정된 '거짓이나 그 밖의 부정한 수단이나 방법'이란 개인정보를 취득하거나 또는 그 처리에 관한 동의를 받기 위하여 사용하는 위계 기타 사회통념상 부정한 방법이라고 인정되는 것으로서 개인정보 취득 또는 그 처리에 동의할지에 관한 정보주체의 의사결정에 영향을 미칠 수 있는 적극적 또는 소극적 행위를 뜻한다. 그리고 거짓이나 그 밖의 부정한 수단이나 방법으로 개인정보를 취득하거나 그 처리에 관한 동의를 받았는지를 판단할 때에는 개인정보처리자가 그에 관한 동의를 받는 행위 자체만을 분리하여 개별적으로 판단하여서는 안 되고, 개인정보처리자가 개인정보를 취득하거나 처리에 관한 동의를 받게 된 전 과정을 살펴보아 거기에서 드러난 개인정보 수집 등의 동기와 목적, 수집 목적과 수집 대상인 개인정보의 관련성, 수집 등을 위하여 사용한 구체적인 방법, 개인정보 보호법 등 관련 법령을 준수하였는지 및 취득한 개인정보의 내용과 규모, 특히 민감정보·고유식별정보 등의 포함 여부 등을 종합적으로 고려하여 사회통념에 따라 판단하여야 한다.[163]

---

163) 대법원 2017. 4. 7. 선고 2016도13263 판결.

라. 2년 이하의 징역 또는 2천만원 이하의 벌금

다음의 어느 하나에 해당하는 자는 2년 이하의 징역 또는 2천만원 이하의 벌금에 처한다(제73조).

① 제23조 제2항, 제24조 제3항, 제25조 제6항, 제28조의4 제1항 또는 제29조를 위반하여 **안전성 확보에 필요한 조치**를 하지 아니하여 개인정보를 분실·도난·유출·위조·변조 또는 훼손당한 자
② 제21조 제1항(제39조의14에 따라 준용되는 경우 포함)을 위반하여 개인정보를 파기하지 아니한 정보통신서비스 제공자등
③ 제36조 제2항을 위반하여 정정·삭제 등 필요한 조치를 하지 아니하고 개인정보를 계속 이용하거나 이를 제3자에게 제공한 자
④ 제37조 제2항을 위반하여 개인정보의 처리를 정지하지 아니하고 계속 이용하거나 제3자에게 제공한 자.

마. 양벌규정

법인의 대표자나 법인 또는 개인의 대리인, 사용인, 그 밖의 종업원이 그 법인 또는 개인의 업무에 관하여 제70조에 해당하는 위반행위를 하면 그 **행위자**를 벌하는 외에 그 **법인 또는 개인**을 7천만원 이하의 벌금에 처한다(제74조 제1항 본문).[164]

---

164) 법인 또는 개인이 그 위반행위를 방지하기 위하여 해당 업무

법인의 대표자나 법인 또는 개인의 대리인, 사용인, 그 밖의 종업원이 그 법인 또는 개인의 업무에 관하여 제71 조부터 제73조까지의 어느 하나에 해당하는 위반행위를 하면 그 **행위자**를 벌하는 외에 그 **법인 또는 개인**에게도 해당 조문의 벌금형을 과(科)한다(제74조 제2항 본문).[165]

바. 몰수·추징 등

이상의 어느 하나에 해당하는 죄를 지은 자가 해당 위 반행위와 관련하여 취득한 **금품이나 그 밖의 이익은 몰수**할 수 있으며, 이를 몰수할 수 없을 때에는 그 가액을 추징할 수 있으며, 이 경우 몰수 또는 추징은 다른 벌칙에 부가하여 과할 수 있다(제74조의2).

사. 과태료

개인정보의 수집·이용 요건(제15조 제1항)을 위반하여 개인 정보를 수집한 자 등에게는 **5천만원 이하**의 과태료를 부

에 관하여 상당한 주의와 감독을 게을리하지 아니한 경우에는 그러 하지 아니하다(제74조 제1항 단서).

165) 법인 또는 개인이 그 위반행위를 방지하기 위하여 해당 업무 에 관하여 상당한 주의와 감독을 게을리하지 아니한 경우에는 그러 하지 아니하다(제74조 제2항 단서).

과한다(제75조 제1항).

그리고 정보주체에 대한 고지의무(제15조 제2항, 제17조 제2항, 제18조 제3항 또는 제26조 제3항)를 위반한 자 등에게는 **3천만원 이하**의 과태료를 부과한다(제75조 제2항).

그리고 보험 또는 공제 가입, 준비금 적립 등 필요한 조치(제39조의9 제1항)를 하지 아니한 자 등에게는 **2천만원 이하**의 과태료를 부과한다(제75조 제3항).

그리고 개인정보를 분리하여 저장·관리(제21조 제3항)하지 아니한 자 등에게는 **1천만원 이하**의 과태료를 부과한다(제75조 제4항).

이상의 과태료는 대통령령으로 정하는 바에 따라 보호위원회와 관계 중앙행정기관의 장이 부과·징수한다(제75조 제5항).

아. 과징금

보호위원회는 개인정보처리자가 제28조의5 제1항을 위반하여 특정 개인을 알아보기 위한 목적으로 정보를 처리한 경우 전체 **매출액의 100분의 3 이하**에 해당하는 금액을 과징금으로 부과할 수 있다.

다만, 매출액이 없거나 매출액의 산정이 곤란한 경우로

서 대통령령으로 정하는 경우에는 **4억원 또는 자본금의 100분의 3** 중 큰 금액 이하로 과징금을 부과할 수 있다(제28조의6 제1항).

보호위원회는 개인정보처리자가 처리하는 주민등록번호가 분실·도난·유출·위조·변조 또는 훼손된 경우에는 **5억원 이하의 과징금**을 부과·징수할 수 있다(제32조의2 제1항 본문).166)

보호위원회는 과징금을 부과하는 경우에는 다음의 사항을 고려하여야 한다(제32조의2 제2항).

① 안전성 확보에 필요한 조치(제24조 제3항) 이행 노력 정도
② 분실·도난·유출·위조·변조 또는 훼손된 주민등록번호의 정도
③ 피해확산 방지를 위한 후속조치 이행 여부.

보호위원회는 과징금을 내야 할 자가 납부기한까지 내지 아니하면 납부기한의 다음 날부터 과징금을 낸 날의 전날까지의 기간에 대하여 내지 아니한 과징금의 연 100분의 6의 범위에서 대통령령으로 정하는 **가산금**을 징수하며, 가산금을 징수하는 기간은 60개월을 초과하지 못한다

---

166) 주민등록번호가 분실·도난·유출·위조·변조 또는 훼손되지 아니하도록 개인정보처리자가 제24조 제3항에 따른 안전성 확보에 필요한 조치를 다한 경우에는 그러하지 아니하다(제32조의2 제1항 단서).

(제32조의2 제3항).

보호위원회는 과징금을 내야 할 자가 납부기한까지 내지 아니하면 기간을 정하여 독촉을 하고, 그 지정한 기간 내에 과징금 및 가산금을 내지 아니하면 **국세 체납처분의 예**에 따라 징수한다(제32조의2 제4항).

보호위원회는 정보통신서비스 제공자등에게 다음의 어느 하나에 해당하는 행위가 있는 경우에는 해당 정보통신서비스 제공자등에게 위반행위와 관련한 **매출액의 100분의 3 이하**에 해당하는 금액을 과징금으로 부과할 수 있다(제39조의15 제1항).

① 제17조 제1항·제2항, 제18조 제1항·제2항 및 제19조(제39조의14에 따라 준용되는 경우 포함)를 위반하여 개인정보를 이용·제공한 경우
② 제22조 제6항(제39조의14에 따라 준용되는 경우 포함)을 위반하여 법정대리인의 동의를 받지 아니하고 만 14세 미만인 아동의 개인정보를 수집한 경우
③ 제23조 제1항 제1호(제39조의14에 따라 준용되는 경우 포함)를 위반하여 이용자의 동의를 받지 아니하고 민감정보를 수집한 경우
④ 제26조 제4항(제39조의14에 따라 준용되는 경우 포함)에 따른 관리·감독 또는 교육을 소홀히 하여 특례 수탁자가 이 법의 규정을 위반한 경우
⑤ 이용자의 개인정보를 분실·도난·유출·위조·변조 또는 훼손한 경우로서 제29조의 조치(내부 관리계획 수립에 관한 사항 제외)를 하지 아니한 경우(제39조의14에 따라 준용되는 경우 포함)
⑥ 제39조의3 제1항(제39조의14에 따라 준용되는 경우 포함)을 위반하여 이용자의 동의를 받지 아니하고 개인정보를 수집한 경우

⑦ 제39조의12 제2항 본문(같은 조 제5항에 따라 준용되는 경우 포함)을 위반하여 이용자의 동의를 받지 아니하고 이용자의 개인정보를 국외에 제공한 경우.

과징금을 부과하는 경우 정보통신서비스 제공자등이 매출액 산정자료의 제출을 거부하거나 거짓의 자료를 제출한 경우에는 해당 정보통신서비스 제공자등과 비슷한 규모의 정보통신서비스 제공자등의 재무제표 등 회계자료와 가입자 수 및 이용요금 등 영업현황 자료에 근거하여 **매출액을 추정**할 수 있다(제39조의15 제2항 본문).

그러나 매출액이 없거나 매출액의 산정이 곤란한 경우로서 대통령령으로 정하는 경우에는 **4억원 이하**의 과징금을 부과할 수 있다(제39조의15 제2항 단서).

보호위원회는 과징금을 부과하려면 다음의 사항을 고려하여야 한다(제39조의15 제3항).

① 위반행위의 내용 및 정도
② 위반행위의 기간 및 횟수
③ 위반행위로 인하여 취득한 이익의 규모.

보호위원회는 과징금을 내야 할 자가 납부기한까지 이를 내지 아니하면 납부기한의 다음 날부터 내지 아니한 과징금의 연 100분의 6에 해당하는 가산금을 징수한다(제

39조의15 제5항).

보호위원회는 과징금을 내야 할 자가 납부기한까지 이를 내지 아니한 경우에는 기간을 정하여 독촉을 하고, 그 지정된 기간에 과징금과 가산금을 내지 아니하면 **국세 체납처분의 예**에 따라 징수한다(제39조의15 제6항).

법원의 판결 등의 사유로 과징금을 **환급**하는 경우에는 과징금을 낸 날부터 환급하는 날까지의 기간에 대하여 금융회사 등의 예금이자율 등을 고려하여 대통령령으로 정하는 이자율에 따라 계산한 환급가산금을 지급하여야 한다(제39조의15 제7항).

법원의 판결에 의하여 과징금 부과처분이 취소되어 그 판결이유에 따라 **새로운 과징금**을 부과하는 경우에는 당초 납부한 과징금에서 새로 부과하기로 결정한 과징금을 공제한 나머지 금액에 대해서만 환급가산금을 계산하여 지급한다(제39조의15 제8항).

2. 형사적 구제의 개선방안

가. 형사적 구제에 대한 평가

개인정보 침해행위에 대한 현재의 처벌 수준은 ① 4차

산업혁명 시대에 많은 정보를 수집하여 확용하여야 함에
도 정보수집의 요건과 처벌이 강하여 기업의 불안감이 강
하다는 견해와 ② 수백억 원의 이득을 보았으나 처벌은
수억 원에 그치고 침해자에 대한 처벌은 극히 드물어 미
흡하다는 견해로 극단적으로 나누어지고 있다.

나. 형사적 구제의 개선방안

개인정보 침해행위에 대한 형사처벌의 개선방안으로는
① 형사처벌은 낮추고 ② 행정벌을 강화하여야 한다는
견해가 제시되고 있다.167)

---

167) 김용학, "개인정보 침해행위에 대한 처벌제도 개선 연구 - 형
사정책의 지도이념을 통한 검증을 중심으로 - " (2019), 121~123면.

부 록

1. 2020년 주요 개정내용 대비표

개정 전	개정 후
제2조(정의) 이 법에서 사용하는 용어의 뜻은 다음과 같다. 1. "개인정보"란 살아 있는 개인에 관한 정보로서 성명, 주민등록번호 및 영상 등을 통하여 개인을 알아볼 수 있는 정보(해당 정보만으로는 특정 개인을 알아볼 수 없더라도 다른 정보와 쉽게 결합하여 알아볼 수 있는 것을 포함한다)를 말한다.	제2조(정의) 이 법에서 사용하는 용어의 뜻은 다음과 같다. 1. "개인정보"란 살아 있는 개인에 관한 정보로서 다음 각 목의 어느 하나에 해당하는 정보를 말한다. 가. 성명, 주민등록번호 및 영상 등을 통하여 개인을 알아볼 수 있는 정보 나. 해당 정보만으로는 특정 개인을 알아볼 수 없더라도 다른 정보와 쉽게 결합하여 알아볼 수 있는 정보. 이 경우 쉽게 결합할 수 있는지 여부는 다른 정보의 입수 가능성 등 개인을 알아보는 데 소요되는 시간, 비용, 기술 등을 합리적으로 고려하여야 한다. 다. 가목 또는 나목을 제1호의2에 따라 가명처리함으로써 원래의 상태로 복원하기 위한 추가 정보의 사용ㆍ결합 없이는 특정 개인을 알아볼 수 없는 정보(이하 "가명정보"라 한다).

개 정 전	개 정 후
<신 설>	1의2. "가명처리"란 개인정보의 일부를 삭제하거나 일부 또는 전부를 대체하는 등의 방법으로 추가 정보가 없이는 특정 개인을 알아볼 수 없도록 처리하는 것을 말한다.
2. ~ 7. (생 략)	2. ~ 7. (현행과 같음)
제3조(개인정보 보호 원칙) ① ~ ⑥ (생 략)	제3조(개인정보 보호 원칙) ① ~ ⑥ (현행과 같음)
⑦ 개인정보처리자는 개인정보의 익명처리가 가능한 경우에는 익명에 의하여 처리될 수 있도록 하여야 한다.	⑦ 개인정보처리자는 개인정보를 익명 또는 가명으로 처리하여도 개인정보 수집목적을 달성할 수 있는 경우 익명처리가 가능한 경우에는 익명에 의하여, 익명처리로 목적을 달성할 수 없는 경우에는 가명에 의하여 처리될 수 있도록 하여야 한다.
⑧ (생 략)	⑧ (현행과 같음)
<신 설>	8. "과학적 연구"란 기술의 개발과 실증, 기초연구, 응용연구 및 민간 투자 연구 등 과학적 방법을 적용하는 연구를 말한다.

개 정 전	개 정 후
제7조(개인정보 보호위원회) ① 개인정보 보호에 관한 사항을 심의·의결하기 위하여 대통령 소속으로 개인정보 보호위원회(이하 "보호위원회"라 한다)를 둔다. 보호위원회는 그 권한에 속하는 업무를 독립하여 수행한다.	제7조(개인정보 보호위원회) ① 개인정보 보호에 관한 사무를 독립적으로 수행하기 위하여 국무총리 소속으로 개인정보 보호위원회(이하 "보호위원회"라 한다)를 둔다. <후단 삭제>
	② 보호위원회는 「정부조직법」 제2조에 따른 중앙행정기관으로 본다. 다만, 다음 각 호의 사항에 대하여는 「정부조직법」 제18조를 적용하지 아니한다. 1. 제7조의8제3호 및 제4호의 사무 2. 제7조의9제1항의 심의·의결 사항 중 제1호에 해당하는 사항
③ 위원장은 위원 중에서 공무원이 아닌 사람으로 대통령이 위촉한다.	제7조의2(보호위원회의 구성 등) ① 보호위원회는 상임위원 2명(위원장 1명, 부위원장 1명)을 포함한 9명의 위원으로 구성한다.
④ 위원은 다음 각 호의 어느 하나에 해당하는 사람을 대통령이 임명하거나 위촉한다. 이 경우 위원 중 5명은 국회가 선출하는 자를, 5명은 대법원장이 지명하는 자를 각각 임명하거나 위촉한다.	② 보호위원회의 위원은 개인정보 보호에 관한 경력과 전문지식이 풍부한 다음 각 호의 사람 중에서 위원장과 부위원장은 국무총리의 제청으로, 그 외 위원 중 2명은 위원장의 제청으로, 2명은 대통령이 소속되거나 소속되었던 정당의 교섭단체 추천으로, 3명은 그 외의 교섭단체 추천으로 대통령이 임명 또는 위촉한다.
③ 위원장은 위원 중에서 공무원이 아닌 사람으로 대통령이 위촉한다.	
④ 위원은 다음 각 호의 어느 하나에 해당하는 사람을 대통령이 임명하거나 위촉한다. 이 경우 위원 중 5명은 국회가 선출하는 자를, 5명은 대법원장이 지명하는 자를 각각 임명하거나 위촉한다.	

개정 전	개정 후
1. 개인정보 보호와 관련된 시민사회 단체 또는 소비자단체로부터 추천을 받은 사람	1. 개인정보 보호 업무를 담당하는 3급 이상 공무원(고위공무원단에 속하는 공무원을 포함한다)의 직에 있거나 있었던 사람
2. 개인정보처리자로 구성된 사업자단체로부터 추천을 받은 사람	2. 판사·검사·변호사의 직에 10년 이상 있거나 있었던 사람
3. 그 밖에 개인정보에 관한 학식과 경험이 풍부한 사람	3. 공공기관 또는 단체(개인정보처리자로 구성된 단체를 포함한다)에 3년 이상 임원으로 재직하였거나 이들 기관 또는 단체로부터 추천받은 사람으로서 개인정보 보호 업무를 3년 이상 담당하였던 사람
	4. 개인정보 관련 분야에 전문지식이 있고 「고등교육법」 제2조제1호에 따른 학교에서 부교수 이상으로 5년 이상 재직하고 있거나 재직하였던 사람
⑤ 위원장과 위원의 임기는 3년으로 하되, 1차에 한하여 연임할 수 있다.	③ 위원장과 부위원장은 정무직 공무원으로 임명한다.
	④ 위원장, 부위원장, 제7조의13에 따른 사무처의 장은 「정부조직법」 제10조에도 불구하고 정부위원이 된다.
⑥ 보호위원회의 회의는 위원장이 필요하다고 인정하거나 재적위원 4분의 1 이상의 요구가 있는 경우에 위원장이 소집한다.	제7조의9(보호위원회의 심의·의결 사항 등) ① ~ ⑤ (생략)

제7조의10(회의) ① 보호위원회의 회의는 위원장이 필요하다고 인정하거나 재적위원 4분의 1 이상의 요구가 있는 경우에 위원장이 소집한다. |
⑦ 보호위원회는 재적위원 과반수의 출석과 출석위원 과반수의 찬성으로 의결한다.	② 위원장 또는 2명 이상의 위원은 보호위원회에 의안을 제의할 수 있다.
⑧ 보호위원회의 사무를 지원하기 위하여 보호위원회에 사무국을 둔다.	③ 보호위원회의 회의는 재적위원 과반수의 출석으로 개의하고, 출석위원 과반수의 찬성으로 의결한다.
⑨ 제1항부터 제8항까지에서 규정한 사항 외에 보호위원회의 조직과 운영에 필요한 사항은 대통령령으로 정한다.	

개 정 전	개 정 후
〈신 설〉	제7조의11(위원의 제척·기피·회피) ① ~ ③ (생략)
〈신 설〉	제7조의12(소위원회)① ~ ④ (생략)
〈신 설〉	제7조의13(사무처)
〈신 설〉	제7조의14(운영 등)
제11조(자료제출 요구 등) ① (생 략)	제11조(자료제출 요구 등) ① (현행과 같음)
② 행정안전부장관은 (생 략)	② 보호위원회는 (현행과 같음)
제12조(개인정보 보호지침) ① 행정안전부장관은 (생 략)	제12조(개인정보 보호지침) ① 보호위원회는 (현행과 같음)
②·③ (생 략)	②·③ (현행과 같음)
제13조(자율규제의 촉진 및 지원) 행정안전부장관은 (생 략)	제13조(자율규제의 촉진 및 지원) 행정안전부장관은 (현행과 같음)
1. ~ 5. (생 략)	1. ~ 5. (현행과 같음)
제15조(개인정보의 수집·이용) ①·② (생 략)	제15조(개인정보의 수집·이용) ①·② (생 략)
〈신 설〉	③ 개인정보처리자는 당초 수집 목적과 합리적으로 관련된 범위에서 정보주체에게 불이익이 발생하는지 여부, 암호화 등 안전성 확보에 필요한 조치를 하였는지 여부 등을 고려하여 대통령령으로 정하는 바에 따라 정보주체의 동의 없이 개인정보를 이용할 수 있다.

개정 전	개정 후
제17조(개인정보의 제공) ① ~ ③ (생 략)	제17조(개인정보의 제공) ① ~ ③ (생 략)
〈신 설〉	④ 개인정보처리자는 당초 수집 목적과 합리적으로 관련된 범위에서 정보주체에게 불이익이 발생하는지 여부, 암호화 등 안전성 확보에 필요한 조치를 하였는지 여부 등을 고려하여 대통령령으로 정하는 바에 따라 정보주체의 동의 없이 개인정보를 제공할 수 있다.
〈신 설〉	제3절 가명정보의 처리에 관한 특례
	제28조의2(가명정보의 처리 등) ~ 제28조의7(적용범위)
제30조(개인정보 처리방침의 수립 및 공개) ① (생 략)	제30조(개인정보 처리방침의 수립 및 공개) ① (현행과 같음)
〈신 설〉	3의2. 개인정보의 파기절차 및 파기방법(제21조제1항 단서에 따라 개인정보를 보존하여야 하는 경우에는 그 보존근거와 보존하는 개인정보 항목을 포함한다)
〈신 설〉	제6장 정보통신서비스 제공자 등의 개인정보 처리 등 특례
	제39조의3(개인정보의 수집·이용 동의 등에 대한 특례) ~ 제39조의15(과징금의 부과 등에 대한 특례)
〈신 설〉	제7장 개인정보 분쟁조정위원회

개 정 전	개 정 후
〈신 설〉	제8장 개인정보 단체소송
제8장 보칙	제9장 보칙
〈신 설〉	제58조의2(적용제외) 이 법은 시간·비용·기술 등을 합리적으로 고려할 때 다른 정보를 사용하여도 더 이상 개인을 알아볼 수 없는 정보에는 적용하지 아니한다.
제63조(자료제출 요구 및 검사) ① ~ ③ (생 략)	제63조(자료제출 요구 및 검사) ① ~ ③ (생 략)
④ 보호위원회는 이 법을 위반하는 사항을 발견하거나 혐의가 있음을 알게 된 경우에는 행정안전부장관 또는 관계 중앙행정기관의 장에게 제1항 각 호 외의 부분 또는 제3항에 따른 조치를 하도록 요구할 수 있다. 이 경우 그 요구를 받은 행정안전부장관 또는 관계 중앙행정기관의 장은 특별한 사정이 없으면 이에 응하여야 한다.	④ 보호위원회는 이 법을 위반하는 사항을 발견하거나 혐의가 있음을 알게 된 경우에는 관계 중앙행정기관의 장(해당 중앙행정기관의 장의 지휘·감독을 받아 검사권한을 수행하는 법인이 있는 경우 그 법인을 말한다)에게 구체적인 범위를 정하여 개인정보처리자에 대한 검사를 요구할 수 있으며, 필요 시 보호위원회의 소속 공무원이 해당 검사에 공동으로 참여하도록 요청할 수 있다. 이 경우 그 요구를 받은 관계 중앙행정기관의 장은 특별한 사정이 없으면 이에 따라야 한다.
⑤ 행정안전부장관과 관계 중앙행정기관의 장은 제1항 및 제2항에 따라 제출받거나 수집한 서류·자료 등을 이 법에 따른 경우를 제외하고는 제3자에게 제공하거나 일반에게 공개하여서는 아니 된다.	⑤ 보호위원회는 관계 중앙행정기관의 장(해당 중앙행정기관의 장의 지휘·감독을 받아 검사권한을 수행하는 법인이 있는 경우 그 법인을 말한다)에게 제4항에 따른 검사결과와 관련하여 개인정보처리자에 대한 시정조치를 요청하거나, 처분 등에 대한 의견을 제시할 수 있다.

개 정 전	개 정 후
⑥ 행정안전부장관과 관계 중앙행정기관의 장은 정보통신망을 통하여 자료의 제출 등을 받은 경우나 수집한 자료 등을 전자화한 경우에는 개인정보·영업비밀 등이 유출되지 아니하도록 제도적·기술적 보완조치를 하여야 한다.	⑥ 제4항 및 제5항에 대한 방법과 절차 등에 관한 사항은 대통령령으로 정한다.
⑦ 행정안전부장관은 개인정보 침해사고의 예방과 효과적인 대응을 위하여 관계 중앙행정기관의 장과 합동으로 개인정보 보호실태를 점검할 수 있다.	⑦ 보호위원회는 개인정보 침해사고의 예방과 효과적인 대응을 위하여 관계 중앙행정기관의 장과 합동으로 개인정보 보호실태를 점검할 수 있다.
<신 설>	⑧ 보호위원회와 관계 중앙행정기관의 장은 제1항 및 제2항에 따라 제출받거나 수집한 서류·자료 등을 이 법에 따른 경우를 제외하고는 제3자에게 제공하거나 일반에 공개해서는 아니 된다.
<신 설>	⑨ 보호위원회와 관계 중앙행정기관의 장은 정보통신망을 통하여 자료의 제출 등을 받은 경우나 수집한 자료 등을 전자화한 경우에는 개인정보·영업비밀 등이 유출되지 아니하도록 제도적·기술적 보완조치를 하여야 한다.
제69조(벌칙 적용 시의 공무원 의제) 행정안전부장관 또는 관계 중앙행정기관의 장의 권한을 위탁한 업무에 종사하는 관계 기관의 임직원은 「형법」 제129조부터 제132조까지의 규정을 적용할 때에는 공무원으로 본다.	제69조(벌칙 적용 시의 공무원 의제) ① 보호위원회의 위원 중 공무원이 아닌 위원 및 공무원이 아닌 직원은 「형법」이나 그 밖의 법률에 따른 벌칙을 적용할 때에는 공무원으로 본다.

개 정 전	개 정 후
<신 설>	② 보호위원회 또는 관계 중앙행정 기관의 장의 권한을 위탁한 업무에 종사하는 관계 기관의 임직원은 「형법」 제129조부터 제132조까지의 규정을 적용할 때에는 공무원으로 본다.
제9장 벌칙	제10장 벌칙
제71조(벌칙) 다음 각 호의 어느 하나에 해당하는 자는 5년 이하의 징역 또는 5천만원 이하의 벌금에 처한다.	제71조(벌칙) 다음 각 호의 어느 하나에 해당하는 자는 5년 이하의 징역 또는 5천만원 이하의 벌금에 처한다.
1. (생 략)	1. (현행과 같음)
2. 제18조제1항·제2항, 제19조, 제26조제5항 또는 제27조제3항을 위반하여 개인정보를 이용하거나 제3자에게 제공한 자 및 그 사정을 알면서도 영리 또는 부정한 목적으로 개인정보를 제공받은 자	2. 제18조제1항·제2항(제39조의14에 따라 준용되는 경우를 포함한다), 제19조, 제26조제5항, 제27조제3항 또는 제28조의2를 위반하여 개인정보를 이용하거나 제3자에게 제공한 자 및 그 사정을 알면서도 영리 또는 부정한 목적으로 개인정보를 제공받은 자
3.·4. (생 략)	3.·4. (현행과 같음)
<신 설>	4의2. 제28조의3을 위반하여 가명정보를 처리하거나 제3자에게 제공한 자 및 그 사정을 알면서도 영리 또는 부정한 목적으로 가명정보를 제공받은 자
<신 설>	4의3. 제28조의5제1항을 위반하여 특정 개인을 알아보기 위한 목적으로 가명정보를 처리한 자

개정 전	개정 후
<신 설>	4의4. 제36조제2항(제27조에 따라 정보통신서비스 제공자등으로부터 개인정보를 이전받은 자와 제39조의14에 따라 준용되는 경우를 포함한다)을 위반하여 정정·삭제 등 필요한 조치(제38조제2항에 따른 열람등요구에 따른 필요한 조치를 포함한다)를 하지 아니하고 개인정보를 이용하거나 이를 제3자에게 제공한 정보통신서비스 제공자등
<신 설>	4의5. 제39조의3제1항(제39조의14에 따라 준용되는 경우를 포함한다)을 위반하여 이용자의 동의를 받지 아니하고 개인정보를 수집한 자
<신 설>	4의6. 제39조의3제4항(제39조의14에 따라 준용되는 경우를 포함한다)을 위반하여 법정대리인의 동의를 받지 아니하거나 법정대리인이 동의하였는지를 확인하지 아니하고 만 14세 미만인 아동의 개인정보를 수집한 자
5.·6. (생 략)	5.·6. (현행과 같음)
제73조(벌칙) 다음 각 호의 어느 하나에 해당하는 자는 2년 이하의 징역 또는 2천만원 이하의 벌금에 처한다.	제73조(벌칙) 다음 각 호의 어느 하나에 해당하는 자는 2년 이하의 징역 또는 2천만원 이하의 벌금에 처한다.
1. 제23조제2항, 제24조제3항, 제25조제6항 또는 제29조를 위반하여 안전성 확보에 필요한 조치를 하지 아니하여 개인정보를 분실·도난·유출·위조·변조 또는 훼손당한 자	1. 제23조제2항, 제24조제3항, 제25조제6항, 제28조의4제1항 또는 제29조를 위반하여 안전성 확보에 필요한 조치를 하지 아니하여 개인정보를 분실·도난·유출·위조·변조 또는 훼손당한 자
<신 설>	1의2. 제21조제1항(제39조의14에 따라 준용되는 경우를 포함한다)을 위반하여 개인정보를 파기하지 아니한 정보통신서비스 제공자등
2.·3. (생 략)	2.·3. (현행과 같음)
제75조(과태료) ① (생 략)	제75조(과태료) ① (생 략)

참 고 문 헌

I. 한국 문헌

가. 단행본

개인정보보호위원회, 『개인정보 보호 법령 및 지침·고시 해설』, 2020.

_____, 『2021 개인정보보호 연차보고서』, 2021.

고학수편, 『개인정보 보호의 법과 정책』, 박영사, 2016.

_____·김병필·구본효·백대열·박도현·정종구·김은수, 『인공지능 시대의 개인정보 보호법』, 박영사, 2022.

국가인권위원회, 『유럽연합 개인정보 보호 규정(GDPR) 등 국제 인권기준에 따른 개인정보 보호 법제도 개선방안 연구』, 2020.

권건보, 『개인정보보호와 자기정보통제권』, 경인문화사, 2005.

권영성, 『헌법학원론』, 법문사, 2010.

김상현, 『유럽연합의 개인정보보호법, GDPR』, 커뮤니케이션북스, 2018.

김용학, 『개인정보보호법』, 청호북스, 2022.

김주영·손형섭, 『개인정보 보호법의 이해』, 법문사, 2012.

김철수, 『헌법학신론』, 박영사, 2013.

문재완, 『잊혀질 권리: 이상과 실현』, 집문당, 2016.

박균성, 『행정법론(상)』, 박영사, 2019.

박노형 외, 『EU개인정보보호법-GDPR을 중심으로』, 박영사, 2017.

백윤철·김상겸·이준복, 『인터넷과 개인정보보호법』, 한국학술정보, 2012.

법무부, 『각국의 개인정보보호 법제』, 법무부, 2003.

성낙인, 『헌법학』, 법문사, 2020.

성선제, 『개인정보보호법』, 서울경제경영출판사, 2014.

송덕수, 『민법강의』, 박영사, 2022.

이대희 외, 『제4차 산업혁명 시대의 개인정보』, 세창출판사, 2018.

이욱한·조수영, 『초연결사회와 개인정보보호』, 아모르문디, 2019.

이창범, 『개인정보 보호법』, 법문사, 2012.

임규철, 『21세기 개인정보 정책과 법』, 북포유, 2013.

_____편역, 『개인정보보호법(2012)』, 북포유, 2013.

전주현, 『개인정보보호실무』, 정보문화사, 2017.

정영철 외, 『개인 유전정보 보호관리체계 분석 및 정책과제』, 한국보건사회연구원, 2019.

정영환, 『신민사소송법』, 법문사, 2019.

조성은·민대홍, 『GDPR시대 개인정보정책의 주요 쟁점 및 대응

방안: KISDI Premium Report』, 정보통신정책연구원, 2018.

천주현, 『시민과 형법』, 박영사, 2019.

나. 논 문

강태욱, "행태정보의 수집 및 이용", 고학수편, 『개인정보 보호의 법과 정책』, 박영사, 2016.

권건보, "정보주체의 개인정보자기결정권", 고학수편, 『개인정보 보호의 법과 정책』, 박영사, 2016.

권영준·이동진, "개인정보 유출에 대한 과실 및 손해 판단기준", 고학수편, 『개인정보 보호의 법과 정책』, 박영사, 2016.

고학수, "개인정보보호: 규제체계에 관한 논의의 전개와 정책적 과제", 고학수편, 『개인정보 보호의 법과 정책』, 박영사, 2016.

구태언, "온라인과 오프라인에서 개인정보 보호 규제체계의 이분화에 따른 문제점", 고학수편, 『개인정보 보호의 법과 정책』, 박영사, 2016.

_____, "개인정보의 국외이전의 국내법상 규제체계 및 실무현안, 『개인정보 보호의 법과 정책』, 박영사, 2016.

김용학, "개인정보 침해행위에 대한 처벌제도 개선 연구 - 형

사정책의 지도이념을 통한 검증을 중심으로 - ", 박사
학위논문, 숭실대학교 대학원, 2019. 6.

김일환, "정보자기결정권의 헌법상 근거와 보호에 관한 연구",
『공법연구』, 제29집 제3호, 한국공법학회, 2001. 5.

_____, "개인정보의 보호와 이용법제의 분석을 위한 헌법상
고찰", 『헌법학연구』, 제17권 제2호, 한국헌법학회,
2011. 6.

김진환, "개인정보 보호법의 해석 원칙을 위한 제언과 시론",
『법학평론』, 제3권, 2016. 12.

박광배·김태주·한혜원, "해외 개인정보의 국내이전과 관련된
EU 규제체계 및 국내법규에 대한 시사점", 『개인정
보 보호의 법과 정책』, 박영사, 2016.

_____·강민채, "APEC에서의 개인정보 보호 논의현황 -
Cross-Border Privacy Rules System의 주요 내용
및 국내 도입시 기대효과 등", 『개인정보 보호의 법
과 정책』, 박영사, 2016.

박상철, "정보보안의 법적 규율: 기술적·관리적 보호조치를 중
심으로", 고학수편, 『개인정보 보호의 법과 정책』,
박영사, 2016.

박준석, "지적재산권법에서 바라본 개인정보 보호", 『정보법
학』, 제17권 제3호, 한국정보법학회, 2013.

_____, "지적재산권에서 바라본 개인정보 보호", 고학수편,

『개인정보 보호의 법과 정책』, 박영사, 2016.

박혁수, "빅데이트 시대에 개인정보 개념의 재검토", 『LAW & TECHNOLOGY』, 제10권 제1호, 2014. 1.

변재옥, "정보사회에 있어서의 프라이버시의 권리: 미국의 경우를 중심으로", 박사학위논문, 서울대학교 대학원, 1979. 2.

이대희, "빅데이터와 개인정보 보호 - 통지와 동의의 원칙을 중심으로 - ", 『정보법학』, 제19권 제2호, 한국정보법학회, 2015.

_____, "개인정보 보호 및 활용방안으로서의 가명·비식별정보 개념의 연구", 『정보법학』, 제21권 제3호, 한국정보법학회, 2017.

이성엽, "개인정보분쟁조정 제도의 현황과 법적 쟁점", 고학수편, 『개인정보 보호의 법과 정책』, 박영사, 2016.

이은재, "개인정보에 대한 규제체계의 기초- 보론", 고학수편, 『개인정보 보호의 법과 정책』, 박영사, 2016.

이은지·김혜민·김진영·구철모, "코로나19 상황에서 외식업장에서의 개인정보 공개에 대한 연구 - 프라이버시 계산 이론 및 제도이론의 통합적 적용, 『관광학연구』, 제45권 제7호(통권 189호), 2021. 10.

이창범, "개인정보 제3자 제공 및 처리위탁 규제의 법적 과제", 고학수편, 『개인정보 보호의 법과 정책』, 박영사, 2016.

이희정, "개인정보보호법과 다른 법과의 관계 및 규제기관 사이의 관계 - 정보통신망 이용촉진 및 정보보호등에 관한 법률과의 관계를 중심으로 -", 고학수편, 『개인정보 보호의 법과 정책』, 박영사, 2016.

장보은, "개인정보 관련 민사판례 동향과 전망", 『법조』, 제70권 제4호, 법조협회, 2021. 8.

장주봉, "개인정보의 의미와 규제범위", 고학수편, 『개인정보 보호의 법과 정책』, 박영사, 2016.

_____, "개인정보의 수집 및 이용에 관한 규제방식", 고학수편, 『개인정보 보호의 법과 정책』, 박영사, 2016.

전응준, "위치정보법의 규제 및 개선방안", 고학수편, 『개인정보 보호의 법과 정책』, 박영사, 2016.

최경진, "EU와 미국의 개인정보 규율체계 개선 동향", 『개인정보 보호의 법과 정책』, 박영사, 2016.

최계영, "공공기관이 보유한 개인정보의 이용과 제한", 고학수편, 『개인정보 보호의 법과 정책』, 박영사, 2016.

한명수, "개인정보 보호 및 활용에 대한 법적 고찰", 박사학위논문, 건국대학교 대학원, 2016. 2.

허성욱, "스마트그리드와 개인정보 보호 법정책", 고학수편, 『개인정보 보호의 법과 정책』, 박영사, 2016.

Ⅱ. 일본 문헌

岡村久道,『個人情報保護法』, 商事法務, 2017.

國立國會圖書館,『調査と情報-ISSUE BRIEF-, No.1089:個人情報保護法見直しの概要』, 2020.2.27.

宮下 紘,『EU一般保データ護規則』, 勁草書房, 2018.

稻葉一人·阿部晉也,『これって 個人情報なの?』, 稅務研究會出版局, 2019.

石井夏生利·曾我部眞裕·森亮二,『個人情報保護法ユンメンタール』, 勁草書房, 2021.

辻畑泰喬,『最新個人情報保護法』, 日本實業出版社, 2017.

實原隆志,『情報自己決定權と制約法理』, 信山社, 2019.

宇賀克也,『個人情報保護法逐條解說』, 有斐閣, 2016.

田中浩之·北山 昇,『令和2年改正 個人情報保護法 Q&A』, 商事法務, 2020.

太田 洋·石川智也·河合優子,『個人情報保護法制大全』, 商事法務, 2020.

Ⅲ. 영미 문헌

Bakhoum, M. & others, *Personal Data in Competition, Consumer Protection and Intellectual Property Law*, Springer, 2018.

Chrobak, L., *Proprietary Rights in Digital Data? Normative Perspectives and Principles of Civil Law*, Bakhoum, M. & others, *Personal Data in Competition, Consumer Protection and Intellectual Property Law*, Springer, 2018.

Determann, L., *Determann' Field Guide to Data Privacy Law*, Elgar, 2019.

Hallinan, D., *Data Protection and Privacy*, HART, 2020.

Il Hwan Kim, *Legislative System of Personal Information Protection in the South Korea*, Dongbang Publishing Inc., 2019.

Lambert, P., *Data Protection, Privacy Regulators and Supervisory Authorities*, Bloomsbury Professional, 2020.

Monti, A. & Wacks, R., *Protecting Personal Information*, HART, 2019.

Walters, R. & others, *Data Protection Law*, Springer, 2019.

▶ **YouTube**
박교수의 7분법(seven-law)

03 개인정보보호법

초판인쇄 2020년 9월 1일 **초판발행** 2020년 9월 1일
개정(1)발행 2022년 8월 1일

지은이 박승두
펴낸이 이혜숙 **펴낸곳** 신세림출판사
등록일 1991년 12월 24일 제2-1298호

04559 서울특별시 중구 퇴계로49길 14
      (충무로5가, 충무로엘크루메트로시티2) 1동 720호
전화 02-2264-1972 팩스 02-2264-1973
E-mail : shinselim72@hanmail.net

정가 18,000원

ISBN 978-89-5800-221-5, 03330